執燈人

《潮州文化丛书》编纂委员会 编

谢锦澍 著

潮州文化丛书·第一辑

SPM 南方传媒 广东人民出版社
·广州·

图书在版编目（CIP）数据

执灯人 / 谢锦澍著. —广州：广东人民出版社，2021.7
（2023.6重印）
（潮州文化丛书·第一辑）
ISBN 978-7-218-15116-8

Ⅰ.①执… Ⅱ.①谢… Ⅲ.①中国共产党—党员—先进事迹—潮州 Ⅳ.①D263

中国版本图书馆CIP数据核字（2021）第114234号

封面题字：汪德龙

ZHIDENGREN
执灯人
谢锦澍 著

出 版 人：肖风华

出版统筹：卢雪华
责任编辑：伍茗欣
封面设计：书窗设计工作室
版式设计：友间文化
责任技编：吴彦斌 周星奎

出版发行：广东人民出版社
地　　址：广州市越秀区大沙头四马路10号（邮政编码：510199）
电　　话：（020）85716809（总编室）
传　　真：（020）83289585
网　　址：http://www.gdpph.com
印　　刷：广州市人杰彩印厂
开　　本：787mm × 1092mm 1/16
印　　张：12.5　　字　数：120千
版　　次：2021年7月第1版
印　　次：2023年6月第2次印刷
定　　价：65.00元

如发现印装质量问题，影响阅读，请与出版社（020-85716849）联系调换。
售书热线：020-85716833

总序

坚定文化自信 打造沿海经济带上的特色精品城市

◎李雅林

文化是民族的血脉，是人民的精神家园。2020年10月12日，习近平总书记视察潮州，指出："潮州是一座有着悠久历史的文化名城，潮州文化是岭南文化的重要组成部分，是中华文化的重要支脉。"千百年来，这座古城一直是历代郡、州、路、府治所，是古代海上丝绸之路的重要节点，是世界潮人根祖地和精神家园。它文化底蕴深厚，历史遗存众多，民间艺术灿烂多姿，古城风貌保留完整，虽历经岁月变迁王朝更迭，至今仍浓缩凝聚历朝文脉而未绝，特别是以潮州府城为中心的众多文化印记，诉说着潮州悠久的历史文化，刻录下潮州的发展变迁，彰显了潮州的文明进步。

灿烂的岁月，簇拥着古城潮州进入一个新的历史发展时期。改革大潮使历史的航船驶向一个更加辉煌的世纪。习近平总书记强调，文化自信是更基础、更广泛、更深厚的自信，是更基本、更深沉、更持久的力量。坚定中国特色社会主义道路自信、理论自信、制度自信，说到底是要坚定文化自信。党的十九大向全党全国人民发出了“坚定文化自信，推动社会主义文化繁荣兴盛”的伟大号召，开启了新时代中国走向社会主义文化强国的新征程。潮州市委、市政府认真按照省委“1+1+9”工作部署和关于“打造沿海经济带上的特色精品城市”的发展定位，趁势而为，坚持走“特、精、融”发展之路，突出潮州的优势和特点，把文化建设放在经济社会发展的重要位置，加强文化建设规划，加大文化事业投入，激活潮州文化传承创新“一池春水”，增强潮州城市文化软实力和综合竞争力，推动潮州文化大繁荣大发展，为经济社会发展提供坚实的文化支撑。

历史沉淀了文化，文化丰富了历史。为进一步擦亮“国家历史文化名城”这张城市名片，打造潮州民间工艺的“硅谷”和粤东文化高地，以“潮州文化”IP引领高品质生活新潮流，在全省乃至全国范围内形成一道独特而亮丽的潮州文化风景线，2019年，潮州市印发了《关于进一步推动潮州文化繁荣发展的意见》。2020年开始，中共潮州市委宣传部启动编撰《潮州文化丛书》这一大型文化工程，对潮州文化进行一次全方位的梳理和归集，旨在以推出系列丛书的方式来记录潮州重要的历史人物事件和优秀民间文化，让潮州沉甸甸的历史文化得到更好的传承和弘扬。这不仅为宣传弘扬潮州文化提供了很好的载体，也是贯彻落实习近平新时代中国特色社会主义思想和党的十九大精神的一个有力践行，是全面开展文化创造活动、推动潮州地域文化建设与发展的一件大事和喜事。

文化定义着城市的未来。编撰《潮州文化丛书》是一项长期的文化工程，对促进潮州经济、社会、政治、文化建设具有积极的现实意义和深远的历史意义。作为一部集思想性、科学性、资料性、可读性为一体的“百科全书”，内容涵括潮州工艺美术、潮商文化、宗教信仰、饮食文化、经济金融、赏玩器具、民俗文化、文学风采和名胜风光等等，可谓荟萃众美，雅俗共赏。这套丛书的出版，既是潮州作为历史文化名城的生动缩影，又是潮州对外展现城市形象最直观的窗口。

“千古文化留遗韵，延续才情展新风”。《潮州文化丛书》的编撰出版，是对潮州文化的系统总结和传统文化的大展示大检阅，是对潮州文化研究和传统文化教育的重要探索和贡献。习近平总书记对潮州文化在岭南文化和中华文化体系中的地位给予的高度肯定，更加坚定了我们的文化自信，为进一步推动潮州文化事业高质量发展提供了根本遵循。希望全市宣传文化部门能以《潮州文化丛书》的编撰出版为契机，牢记习近平总书记的谆谆教导和殷切期望，乘势而上，起而行之，进一步落实市委“1+5+2”工作部署，积极融入“粤港澳大湾区”建设，围绕“一核一带一区”区域发展格局，推动文化“走出去”，画好“硬内核、强输出”的文化辐射圈，使这丰富的文化资源成为巨大的流量入口。希望本丛书能引发全社会对文化潮州的了解和认同，以此充分发掘潮州优秀传统文化的历史意义和现实价值，推动优秀传统文化创造性转化和创新性发展，创造出符合时代特征的新的文化产品，推出一批知名文化团体和创意人才，形成一批文化产业龙头企业，打造一批展现文化自信和文化魅力的文化品牌，开创文学大盛、文化大兴、文明大同的新局面，为把潮州打造成为沿海经济带上的特色精品城市、把潮州建设得更加美丽提供坚实的思想保障。

序

◎苏桂宁

毛泽东《在延安文艺座谈会上的讲话》指出："我们要战胜敌人，首先要依靠手里拿枪的军队。但是仅仅有这种军队是不够的，我们还要有文化的军队，这是团结自己、战胜敌人必不可少的一支军队。'五四'以来，这支文化军队就在中国形成，帮助了中国革命，使中国的封建文化和适应帝国主义侵略的买办文化的地盘逐渐缩小，其力量逐渐削弱……在'五四'以来的文化战线上，文学和艺术是一个重要的有成绩的部门。革命的文学艺术运动，在十年内战时期有了大的发展。"①

五四运动前后，新思想、新文化和马克思主义就在潮州传播。中国共产党成立之初，潮州的革命志士就开始翻译马克思主义著作，创办进步文学团体，出版进步刊物。大革命

① 毛泽东：《在延安文艺座谈会上的讲话》，载《毛泽东选集》合订本，人民出版社1964年版，第804～805页。

时期，潮州的先进知识分子便经常在《岭东民国日报》上发表马克思主义原著译文，宣传马克思主义。

大革命失败后，一批潮籍的文学青年，先后从韩江之滨，来到当时全国革命文化的中心上海，参与创办或独立创办左翼文学团体太阳社、我们社，随后又参与发起成立中国左翼作家联盟（简称“左联”）。潮籍的作家群体成为创立中国无产阶级革命文学的一支生力军。

太阳社、我们社、“左联”先后遭到国民党政府的破坏和镇压。左翼文化组织及其开办的书店、出版的书刊被取缔、查封，成员受到拘捕刑讯，秘密杀戮。然而，潮籍的作家同来自全国各地的作家一道，不屈不挠，用笔战斗，在中国现代文化史、革命史上写下了光辉的一页。

这批潮籍作家当中，有“左联”常委、“全国反帝大同盟”党团书记、“中国左翼文化界总同盟”领导人之一，潮安江东人洪灵菲；有“左联”筹备组成员、“左联”党团书记、在“孤岛”坚持抗日救亡的杰出文艺战士，潮安归湖人戴平万；有“左联”骨干盟员、中国共产党英烈、著名的“左联”女烈士，潮州枫溪人冯铿；有从事左翼戏剧和革命文艺、人民电影事业的创始人和领导者之一，卓越的人民艺术家，潮安庵埠人陈波儿；有早年加入中国共产党，参加中国左翼作家联盟和中国社会科学家联盟，著名的马克思主义经典著作翻译家，潮州市区人柯柏年；有参加北方“左联”，中国新闻家、翻译家，人民广播电视事业的开创者和奠基人，新中国成立后历任国家广播电影电视总局局长、中国社会科学院党组第一书记、《中国大百科全书》总编辑，潮州市区人梅益。洪灵菲、戴平万、冯铿、陈波儿、柯柏年、梅益，我们将其称为“左联潮州六杰”。

“左联潮州六杰”从小都酷爱读书，勤奋好学，独立思考，个个都是受过高等教育而成为饱学之士。他们都是中共党员，都有理想有抱负，向往光明，翻译传播马克思主义，介绍传播外来优秀文化，冲破封建礼教桎梏，成为反帝反封建、争取民主自由平等的坚强战士。他们学有专攻，不断求索，勇于创新，德才兼备，在各自的领域上都取得了骄人成就。他们以笔为刀枪，“横眉冷对千夫指，俯首甘为孺子牛”，其“匕首”“投枪”直刺敌人心脏。洪灵菲、冯铿烈士面对反动派屠刀，宁死不屈，英勇就义。戴平万长期从事地下斗争和抗日活动，站在“孤岛”抗日文化战线最前列冲锋陷阵，经受血与火的考验。陈波儿把个人生死置之度外，多次越过日寇封锁线宣传抗日救国思想，播种抗日种子，长期抱病工作，一直奋斗到生命最后一息。她的崇高品德、伟大精神、人格魅力历久弥新。柯柏年屡次虎口逃生，历经沧桑，始终淡泊名利、追求平常。梅益无论是在文化战线上，还是在从事党的地下工作中，都不怕牺牲，英勇斗争。在白色恐怖的环境下，他为了完成党交给的任务，舍小家，为大家，爱人和两个儿子40天内在贫病交加中死去。为了保家卫国，他捐赠《钢铁是怎样炼成的》译文所得稿费5亿元（旧币），认购一架飞机支援抗美援朝前线。

“左联潮州六杰”为中国革命文化和社会主义先进文化的创立，为我国革命、建设、改革做出了重要贡献，都是国家级文化名人，每一人在全国都有很高的知名度。梅益、柯柏年是中国当代资深的翻译家和学者。梅益翻译的《钢铁是怎样炼成的》影响了几代中国人。该书中的章节《人的一生应当如何度过？》《筑路》等列入中学语文课本。进入21世纪，《钢铁是怎样炼成的》一书，被教育部列为初中语文新课标必读丛书，可潮州的中小学师生有几个人知道梅益是潮州人？洪灵菲、冯铿烈士的事迹在上海左联纪念馆、上海鲁迅纪念馆、上海龙华烈士陵园、南京雨花台纪念馆等场馆和上海多伦路文化名人塑像充分展示，他们的名字非常显赫，他们的塑像栩栩如生、光彩夺目。可是，潮州却长期没有留下他们的任何印记！中学生都在课本里学过鲁迅的《为了忘却的纪念》，可是家乡的许多人却对冯铿很陌生。有谁知道潮州的戴平万是东北抗日联军的创始人之一？又有谁知道鼓舞千百万青年奔赴抗日前线，曾与《义勇军进行曲》齐名的《毕业歌》的首演原唱者是潮州的陈波儿呢？新中国成立60周年献礼大片31集电视剧《烽火影人》，该剧第一次再现了20世纪30年代上海电影人和延安电影团的传奇故事。它取材于真实的故事，主角红菱是以陈波儿为原型创作的。“左联潮州六杰”在全国大名鼎鼎，在很长的时间里在潮州却鲜为人知，这就是现实！难怪外地的不少专家学者对潮州史志没有记载或没有给予潮州籍“左联”作家应有的地位感到不解和遗憾。

“左联潮州六杰”可以与毛泽东、周恩来、刘少奇、朱德、邓小平、陈云、叶剑英、宋庆龄、邓颖超等伟人的名字相链接。他们又曾经是与鲁迅、郭沫若、胡乔木、周扬、田汉、夏衍等中国文化巨匠并肩战斗的战友，在中国现代文化史和现代革命史上占有一席之地，在中国文坛都有相当的影响力。

“左联潮州六杰”是中国人民的优秀儿女，中国共产党的优秀党员。他们既是中国文化名人，又是中国知名的革命家。他们为革命鞠躬尽瘁，不怕牺牲，无私奉献，功绩辉煌，为党旗增添了光彩。他们是潮州人民的骄傲，是潮州宝贵的红色文化资源，也是岭南文化一张精美名片。在即将迎来中国共产党成立100周年之际，我们出版《执灯人》一书，以纪念“左联潮州六杰”，唤起人们对他们的记忆，进而学习他们的革命精神和崇高品德，传承红色基因，发扬革命传统，续写潮州辉煌。

目录

目录

第五章 “左联”重要领导人戴平万

第六章 人民艺术家陈波儿

目录

CHAPTER 1

第一章 『左联』中的潮籍作家群体

“左联”的全称是中国左翼作家联盟。它是根据1929年6月中共六届二中全会的决定，1930年3月在中共中央所在地上海成立的，以鲁迅为旗手的革命文学团体。

1927年“四一二”反革命政变后，国民党反动派残酷地屠杀共产党人和革命群众。他们一方面加紧对各个革命根据地进行军事“围剿”，另一方面也对革命文化进行反革命“围剿”，企图从军事、政治、文化各个领域扑灭革命烈火。中国共产党顽强地战斗着，领导人民在革命根据地开展军事反“围剿”的同时，也在国民党统治区开展文化反“围剿”斗争。

“1929年下半年，中共中央文化工作委员会成立，由潘汉年负责。根据六届二中全会通过的《宣传工作决议案》，主要‘指导全国高级的社会科学的团体、杂志及编辑公开发行的各种刊物书籍’。”①

1929年秋，中共中央文化工作委员会（简称“文委”）书记潘汉年着手组建中国左翼作家联盟。他根据中央领导同志周恩来、李立三的意见，要求上海的左翼作家结束论争，消除隔阂，团结起来，以太阳社作家、创造社作家和鲁迅周围作家三个作家群体为基础，成立中国左翼作家联盟，共同反抗国民党反动派的文化“围剿”。“左联”在组织上接受中共中央文委领导。“左联”机构中设置中共组织——党团。“左联”以鲁迅为主将和旗帜，聚集了大批革命作家。上海成了全国革命文化中心。

“左联”于1930年3月2日在上海窦乐安路233号（今多伦路201弄2号）中华艺术大学宣告成立。会上，潘汉年代表中国共产党讲话，鲁迅作《对于左翼作家联盟的意见》的讲演，第一次提出了文艺

① 中共中央党史研究室编：《中国共产党历史大事记（1921年7月—2011年6月）》，《人民日报》2011年7月21日。

要为工农大众服务，并且指出左翼文艺家一定要和实际的社会斗争接触。随后，中国社会科学家联盟（简称“社联”）、中国左翼戏剧家联盟（简称“剧联”）、中国左翼新闻记者联盟、中国左翼美术家联盟、中国左翼教育家联盟、中国左翼语言学家联盟和中国左翼音乐家联盟也相继成立，当时称为“八大联”。“左联”的宗旨是联合一切进步力量，反对国民党的文化“围剿”和推动革命文学运动的发展。1930年10月中国左翼文化界总同盟（简称“文总”）在上海成立，它是由中国共产党领导的各革命文化团体的联合组织，统一领导“八大联”。中国共产党领导的左翼文化运动在国民党统治区兴起。

“左联”除上海总盟外，还先后建立了北平“左联”（又称北方“左联”）、日本东京分盟、天津支部，以及保定小组、广州小组、南京小组、武汉小组等地区组织。参加“左联”的成员，也不限于文化工作者，还扩大到教师、学生、职员、工人，盟员总数达数百人。

“左联”与国际无产阶级文艺运动建立了联系，1930年11月，“左联”派萧三作为代表参加在苏联哈尔科夫召开的第二次国际革命作家代表会议。中国左翼作家联盟加入国际革命作家联盟，成为它的一个支部——中国支部。

“左联”团结进步作家，共同与国民党反动派的文化专制作斗争，同国民党反动当局争夺宣传舆论阵地，传播革命思想，唤起民众同情支持中国共产党领导的反帝反封建的革命斗争。

“左联”的成立，标志着革命文学跨入了一个新的发展阶段。它在继承五四新文学传统，介绍与传播马克思主义文艺理论，倡导无产阶级革命文学，培育进步文艺队伍，创作反映时代精神的文艺作品，建立与世界进步作家的联系与友谊，粉碎国民党反革命文化“围剿”等方面都取得了辉煌的成就，建立了不可磨灭的功勋，在我国现代文学史、革命史上谱写了光辉的篇章。

1936年春，为实现全民族抗日救亡，建立文艺界抗日民族统一战线，“左联”自动解散。虽然“左联”的存续时间不长，但是它以当时的巨大作用，以及对后世的深远影响，成为中国革命文化史上的丰碑。“左联”在国民党政府残酷压迫下顽强战斗了6个年头，粉碎了国民党当局的文化“围剿”，有力地配合了各个革命根据地的军事反“围剿”斗争。“左联”培养了一支坚强的革命文化大军，为抗日战争时期、解放战争时期，以至新中国的人民文化事业准备了一批骨干人才。“左联”为建设人民大众的革命文化做出了卓越贡献。

在“左联”中有一个引人注目的作家群体——潮籍作家群体，这个群体人数可观，影响颇大。“左联”第一批盟员共50多人，出席“左联”成立大会的作家共40多人。仅潮安一县（2013年撤县设区）的“左联”盟员人数就占全国“左联”第一批盟员总数的八分之一。

“左联”第一批盟员的潮籍作家有：潮安江东人洪灵菲、潮安归湖人戴平万、澄海莲阳人杜国庠、潮安庵埠人杨邨人、潮安枫溪人冯铿、潮安彩塘人许美勋、潮安城的柯柏年（李春蕃）和李春鍏。其中，除了柯柏年外，其余7人均出席“左联”成立大会。不少人认为柯柏年没有加入“左联”，这不符合事实。许涤新在《忆社联》一文中确认，柯柏年跟杜国庠一样，先参加“左联”，两个多月后加入“社联”。政治学家高放说，他同柯柏年熟悉，柯柏年1930年为“左联”党团成员。学者李坚也称柯柏年是“左联”作家。①

“左联”筹委会成员为12人，分别是创造社郑伯奇、冯乃超、阳翰笙、彭康，太阳社钱杏邨、蒋光慈、洪灵菲、戴平万，其他方面鲁迅、冯雪峰、柔石、夏衍。这12人亦即“左联”发起人。发起成立“左联”的12人中，潮安就有洪灵菲、戴平万两人，占了六分之一。

1930年3月2日，“左联”在上海正式成立，洪灵菲与鲁迅、夏衍、钱杏邨、冯乃超、田汉、郑伯奇当选为常务委员，组成了“左

① 李坚编：《杨匏安史料与研究》，中共党史出版社1999年版，第358页。

联"的领导核心。洪灵菲是"左联"七常委中最年轻的常委。

先后担任"左联"党团书记的有潘汉年、冯乃超、冯雪峰、阳翰笙、丁玲、周扬、戴平万7人。戴平万担任"左联"最后一任党团书记直至"左联"解散。

除了"左联五烈士"柔石、胡也频、冯铿、殷夫、李伟森（李求实，作家，共青团中央宣传部部长，不属左翼文化"八大联"成员）外，"左联"还有洪灵菲、潘漠华、应修人3位烈士。他们用一腔热血谱写了中国无产阶级革命文学历史的光辉一页。在"左联"8位"战死者"中，潮安籍的就有冯铿和洪灵菲，占了四分之一。

半殖民地半封建的旧中国，对外没有民族独立，对内没有民主制度。革命的环境异常残酷，敌人无比凶残。《莱茵报》主编卡尔·马克思公开发表文章抨击普鲁士政府，引起了民众反政府的热潮，结果《莱茵报》被查封，主编马克思被迫辞职。列宁领导旨在推翻沙皇反动统治的革命运动，被捕后流放于西伯利亚。而中国的革命作家，却被国民党当局大批屠杀。我们的"左联"战士，我们的潮籍"左联"作家，在白色恐怖的环境中投身革命，奋不顾身为真理而斗争，为理想而献身。他们是暗夜中仰望星空的寻路人，也是照亮广大青年前进道路的执灯人。

"左联"第一批盟员中的潮籍作家8人，洪灵菲、冯铿、戴平万、柯柏年的生平事迹将分别做专题介绍。这里首先介绍杜国庠、李春鍏、许美勋和杨邨人的简历或小传。

杜国庠（1889—1961），澄海县（2003年撤县设区）莲阳乡兰苑村人。1925年国民革命军第二次东征胜利后，经周恩来推荐，出任广东省立第四中学（即潮州金山中学）校长。他是《中共潮州党史》（新民主主义革命时期）中的著名人物。杜国庠1930年3月出席"左联"成立大会，同年5月，加入"社联"，曾任"社联"党团书记。他是马克思主义哲学家、历史学家、教育家。杜国庠任金山中学校长期间，曾免除一个因家庭困难而失学的学生的学费，改变了该生当学徒的命运。这个人后来成为文坛巨匠、学界泰斗。这个人就是梅益。

李春鍏（1905—2004），潮州市区人。在上海大学读书时，经张太雷、蒋光慈介绍加入中国共产党，任上海大学学生会主席。1927年3月21日，他带领学生参加了周恩来、赵世炎等领导的上海工人第三次武装起义。这次起义取得胜利，成立了上海人民政权，李春鍏以学生代表的身份当选为人民政府委员。他参加过南昌起义并转战潮汕。1930年，李春鍏出席了中国左翼作家联盟成立大会，聆听了鲁迅在会上所作的《对于左翼作家联盟的意见》。①

许美勋（许峨，1902—1991），潮安（海阳）彩塘宏安人。1930年3月在上海参加“左联”。

在五四运动影响下，许美勋积极宣传新文化、新思想，组织潮汕新文学团体火焰社并主编《火焰》周刊。1923年1月，许美勋在《大岭东日报》发表《和潮汕学界磋商组织文学团体书》。时在国立广东高等师范学校（中山大学前身）读书的洪灵菲、戴平万、李应滋等人得知此消息后，致信支持。不久火焰社在汕头成立。它是潮汕地区最早成立的新文学团体。主要成员53人，包括：许美勋、冯瘦菊（冯铿的二哥）、洪灵菲、戴平万、邱玉麟、陈也修、曾万年、罗吟甫、谢友梅、蔡心觉、吴青民、詹昭清、张良启、李应滋等，以及广东省立第四中学的学生、教员，还有在北京、上海、武汉、广州、天津等地高校就读的潮汕学生、南洋各国的潮籍青年华侨，等等。火焰社成立后，在《大岭东日报》设《火焰》周刊。《火焰》周刊于1923年8月5日正式出版，由许美勋主编，刊名“火焰”二字由戴平万的父亲戴仙俦（又名戴贞素）书写。

① 李魅庆：《我所知道的我们社》，载于《我们社研究及精品选读》，花城出版社2008年版，第3～9页。

火焰社的社刊《火焰》，作为《大岭东日报》的副刊出版，主要刊登新诗、白话小说、散文、随笔、译著，介绍苏联文学和日本自明治维新之后的社会发展史。许美勋除了创作发表大量的新诗和散文外，也写了一些有分量的论文，如在第103期的《火焰》上，刊登了他的《中间阶级》一文，提醒人们在研究阶级斗争时，也要注意对中间阶级的研究。《火焰》周刊办了近三年，由于其明显的进步倾向，1927年四一二反革命政变后被迫停办。当年《火焰》周刊影响很大，遍及国内多个省市乃至东南亚华侨社会。

国民革命军第二次东征胜利后，周恩来主政东江地区，创办《岭东民国日报》。在周恩来的推荐下，李春涛出任该报社社长。许美勋任该报副刊文艺部编辑。《岭东民国日报》副刊“革命”二字，就是许美勋当面请周恩来题写的。

四一二反革命政变后，李春涛惨遭杀害，冯铿大哥冯印月被通缉。许美勋与冯铿被迫流亡，他们先后到潮安彩塘乡村学校、澄海县立一中等学校任教。1929年春，许美勋与冯铿到上海。许美勋在上海和陈卓凡、王鼎新开办南强书店，专门出版发行进步书刊，从事左翼文学活动。许美勋是“左联”最早的50多位盟员和出席“左联”成立大会的40多位作家之一。“左联五烈士”牺牲后，“左联”精心组织、秘密出版了《前哨》第1卷第1期《纪念战死者专号》。许美勋以梅孙的笔名发表了《血的教训——悼二月七日的我们的死者》。

新中国成立后，许美勋先后在广州、汕头从事新闻出版、文学社团工作，曾任汕头市文联名誉主席。主要作品有《牛头村》《笠的故事》等，还有长篇著作《桑浦山传奇》（北新书局出版），以及《冯铿烈士》（广东人民出版社出版）、《早陨的明星——忆洪灵菲》等回忆录10多万字。

杨邨人（1901—1955），谱名启源，学名望苏，少年聪慧，尤好文学，潮安（海阳）庵埠外文人。早年加入中国共产党，1930年3

月在上海参加“左联”。他是20世纪20年代后期第一个由中国共产党直接领导的我国著名文学团体太阳社的主要创建人之一，是党领导的第一个戏剧组织——中国左翼戏剧家联盟的首任党团书记。潮籍作家洪灵菲、戴平万、杜国庠都是经杨邨人介绍加入太阳社，从而步入左翼文化组织的。陈波儿也是在杨邨人的介绍下，加入左翼戏剧团体的。

杨邨人是一个饱受争议的人物。1985年4月，中国现代文学史料专家、上海社会科学院文学研究所研究员陈梦熊出版了《三十年代在上海的“左联”作家》一书。在此书中，作者公正地介绍了杨邨人，客观、完整地将其人生历程描绘出来。

1916年，杨邨人在家乡小学毕业后，进入汕头华英中学读书，1918年，因其父生意失败家庭经济困难肄业。受五四运动的影响和其继母陈新宇（陈氏思想开明，曾在潮汕早期的共产党人许甦魂的影响下走上革命道路，后在大革命中牺牲，革命烈士）的思想启蒙，杨邨人成为一个思想进步的青年。

1922年，在堂叔父杨静吾（时在湖北汉口经商）的资助下，杨邨人报考武昌高等师范学校，以优秀的成绩被录取为该校国文系学生。在校期间他积极参加学生运动，并于1925年在该校党支部书记李守章的介绍和董必武的监誓下加入中国共产党。1926年毕业后回广东发动和指导学生革命运动。1927年四一二反革命政变发生后，杨邨人在广州被国民党右派通缉。中共组织安排他重返武汉，担任全国总工会宣传部编辑科干事。1927年6月，参加在汉口召开的第四次全国劳动大会，与宣传部的同事钱杏邨、孟超等一起，负责大会的文秘和宣传工作。

1927年冬，根据中共中央主要领导人瞿秋白提议，蒋光慈、杨邨人、钱杏邨、孟超在上海发起成立太阳社，创办春野书店，出版《太阳月刊》。该刊名义上由蒋光慈主持，实际上由杨邨人和钱杏邨负责。杨邨人介绍老乡洪灵菲、戴平万、杜国庠加入太阳社。杨邨人著有小说《战线上》，收入“太阳小丛书”（太阳社丛书）。1929年6月，春野书店被查封，《太阳月刊》被迫停刊。这时，杨邨人又创办并主编了革命文艺杂志《新星》，他旗帜鲜明地指出，办刊的目的是“要继续为无产阶级革命文学事业作出贡献”。1930年3月“左联”成立时，《太阳月刊》更名为《拓荒者》，成为“左联”的机关刊物。

1929年下半年，杨邨人受党组织的委派，参与上海戏剧界进步团体——艺术剧社的组建工作，同时介绍潮安庵埠老乡陈波儿参加艺术剧社。1930年8月，根据党的指示，在艺术剧社的基础上，成立中国左翼戏剧家联盟，杨邨人被任命为第一任党团书记。1932年2月，根据杨邨人本人的要求，党组织派他到湘鄂西苏区工作，接替谢觉哉主编《工农日报》。

1933年1月，杨邨人在《读书杂志》发表《脱离政党生活的战壕》，宣布“揭起小资产阶级革命文学之旗”，要做“第三种人”了。1933年12月，杨邨人在《文化列车》第3期上发表了《给鲁迅先生的公开信》，对鲁迅进行攻击。鲁迅写下了《答杨邨人先生公开信的公开信》，对杨邨人进行了有理有据的反击。

尽管杨邨人屡屡攻击鲁迅，鲁迅却非常大度，“还是和先前一样，决不肯造谣说谎”，对杨邨人作出了客观公允的评价：“对于先生，照我此刻的意见，写起来恐怕也不会怎么坏。我以为先生虽是革命场中的一位小贩，却并不是奸商。我所谓奸商者，一种是国共合作时代的阔人，那时颂苏联，赞共产，无所不至，一到‘清党’时候，就用共产青年、共产嫌疑青年的血来洗自己的手，依然是阔人，时势变了，而不变其阔；一种是革命的骁将，杀土豪，倒劣绅，激烈得很，一有蹉跌，便称为‘弃邪归正’，骂‘土匪’，杀同人，也激烈得很，主义改了，而仍不失其骁。先生呢，据‘自白’，革命与否以亲之苦乐为转移，有些投机气味是无疑的，但并没有反过来做大批的买卖，仅在竭力要化为‘第三种人’，来过比革命党较好的生活。”[1]

1936年之后，杨邨人几乎辗转半个中国，主要是由各地的潮汕老乡和故交的介绍从事教育、文化工作。1945年8月至新中国成立前夕，杨邨人先后担任四川省松潘、绵阳、剑阁县政府秘书。1949年7月至1952年2月，先后任理县中学和南充高级中学教员、川北大学（四川师范学院）中文系教授。1955年肃反运动开始，杨邨人因历史上的问题被审查，在审查期间，跳楼自杀身亡。

综观杨邨人的一生，他在左翼文化运动的组织和推动上曾起到积极的作用，做了很多有益的工作。杨邨人在20世纪二三十年代的文学创作，虽然是稚嫩的，但毕竟为初期的革命文学“提供了部分书写规范”。杨邨人虽然曾因错误地攻击鲁迅，也因惧怕革命斗争的残酷而脱党，然而，从杨邨人当时及以后的言行看，他并没有背叛革命。他在《脱离政党生活的战壕》的自白中坦诚写道：“我并非一个战士，我只是一个作家，还我自由，将我流剩了的热血，灌溉在革命的文学之花！”他在后来的作品中，对一些诬蔑苏区“共产共妻”等言论进行澄清和批驳。[2]中共十一届三中全会后，四川地方党组织对杨邨人的问题重新进行审查，确认其问题的性质为人民内部矛盾。

后来，在上海参加“左联”的潮籍作家还有潮阳人唐瑜（1912—2010）等。在北平“左联”加入“左联”的有：潮州市区人梅益（1914—2003）、原籍大埔出生于潮安的碧野（1916—2008）、普宁流沙华溪村人陈辛仁（1915—2005）等。在日本东京分盟参加“左联”的有南澳后宅人陈子谷（1916—1987）等。参加中国左

① 参见鲁迅：《答杨邨人先生公开信的公开信》，载《南腔北调集》，人民文学出版社2000年版。

② 黄景忠：《论战中的“革命”与“文学”——杨邨人研究三题》，《文艺争鸣》2016年第7期。

翼文化界总同盟“八大联”的潮籍文化人还有：潮安庵埠人陈波儿（1910—1951）、潮州市区人李春霖（1910—1937）、潮州市区人石辟澜（1910—1947）、潮安官塘人陈唯实（1913—1974）、潮州市区人李伍（李春秋，1914—1980）、潮南成田盐汀人郑正秋（1888—1935）、潮阳铜盂集星人蔡楚生（1906—1968）、潮州人陈铿然（1905—1958）、揭西棉湖人许涤新（1906—1988）、澄海澄城岭亭人侯枫（1904—1981）、澄海人高承志（1910—1994）等。

可以说，20世纪二三十年代是中国历史上潮籍作家最辉煌的时期，是潮籍文化人登上中国现代文坛的时代。“左联”潮籍作家人数之多，影响之大，使其成为创立我国无产阶级革命文化的一支重要生力军！从潮州走出去的文化人中，从其当时及以后对中国革命文学或革命文化的贡献和影响看，佼佼者当数洪灵菲、冯铿、戴平万、陈波儿、柯柏年、梅益，这就是“左联潮州六杰”！

梅益于1934年加入北方“左联”，是著名的文学翻译家，人民广播电视和中国传媒大学的开创者，《中国大百科全书》总编辑。他为创立革命文化和社会主义先进文化做出了历史性的贡献。陈波儿于1930年加入“左联”的姐妹团体——中国左翼戏剧家联盟，是卓越的人民艺术家、电影教育家、新中国电影事业的创始人和奠基人。她为左翼文艺运动、革命文艺特别是人民电影事业的创建和发展做出了杰出贡献。

如同李伟森非但不是“左联”盟员，而且也不是左翼文化“八大联”的成员，鲁迅仍将他和柔石、胡也频、冯铿、殷夫并称“左联五烈士”一样，我们把参加“剧联”的陈波儿与洪灵菲、冯铿、戴平万、柯柏年、梅益并称为“左联潮州六杰”。这是因为，其一，陈波儿是“左联”时期的“女明星作家”，她既是电影明星，也是出色的左翼作家。其二，“左联”七常委中的郑伯奇、夏衍、钱杏邨、田汉4人，当时从事的主要也是戏剧、电影编剧等工作。陈波儿正是由郑伯奇、夏衍、钱杏邨带进戏剧界，然后介绍给电影公司的。其三，“左联”“社联”“剧联”等“八大联”共同隶属中国左翼文化界总同盟，“八大联”各个团体是姐妹团体，工作相互交叉，盟员相互交流。如杜国庠、柯柏年既参加“左联”，也参加“社联”。杨邨人既是“左联”盟员，也是“剧联”首任党团书记。其四，从广义上，我们可以把陈波儿称为左翼文化“八大联”的“左联”的英杰。如果与中国社会科学家联盟简称为“社联”、中国左翼戏剧家联盟简称为“剧联”相对应，那么，将中国左翼作家联盟简称为“作联”比简称为“左联”，似乎更确切。概念不是一成不变的，将中国左翼作家联盟简称为“左联”只是先入为主罢了。此外，陈波儿身后还有与“左联”不了的情缘。1995年2月，陈波儿的塑像在潮州西湖公园落成。陈波儿雕像背后有一块大理石，正面刻着的“人民艺术家陈波儿同志不朽”12个字，正是当年的“左联”常委夏衍所题。大理石背面刻写的陈波儿生平事迹，正是当年的“左联”党团书记阳翰笙撰写。

“左联潮州六杰”这群当年的潮州青年在中国文化战线上勇立潮头，摇旗呐喊，冲锋陷阵，不怕牺牲，为粉碎国民党反动派的文化“围剿”，创立中国革命文化做出了卓越贡献。从潮州大地土生土长、投身革命的这批仁人志士，都受过高等教育，都是中共党员。他们既是革命家、社会活动家，又是文学家、新闻家、翻译家、艺术家。这批潮人俊彦是中华民族的脊梁，中国革命的先驱，也是中国革命文化的大家巨匠。

“左联潮州六杰”在我国传播马克思主义，创立无产阶级革命文学和党领导的新闻事业，弘扬宣传抗战文化，开创人民电影和人民电影教育事业，创建人民广播电视事业以及繁荣发展我国哲学社会科学等方面都做出了各自出色的成绩，为创立我国革命文化和社会主义先进文化做出了重大贡献。潮州的“文化军队”以自己的实力和影响力闻名全国。

以“左联潮州六杰”为代表的潮州作家群体，他们根植于底蕴深厚的潮州文化沃土，在马克思主义理论武装下迅速成长，在中国革命文化战线上异军突起。地域不大的潮州在短时间内涌现了众多在全国有影响力的文化名人。这不能不说是一个奇迹。其人数之多，影响之大，史所罕见，在中共党史、中国现代革命史和文化史上都占有一席之地。他们集中体现了潮州文化精神，给了潮州和潮州文化以自信，潮州和潮州文化因他们而骄傲。

《广东省建设文化强省规划纲要（2011—2020年）》提出，“开展对具有国内外重大影响、能代表广东文化形象的历史事件、重要人物、人文景观、文化传统、民间艺术的评选宣传活动，建设岭南文化地标。”“左联潮州六杰”不仅体现了潮州深厚的文化底蕴和人文精神，而且足以代表广东一个时期的文化形象；不仅是潮州一笔重要的红色文化资源，而且也是岭南地区一个文化地标和人文景观，是提升广东文化形象、建设文化强省的一张精美名片。

CHAPTER 2

第二章 壮丽的人文奇观从何而来

“左联”中的潮籍作家作为一个群体，登上中国现代文坛，构成一幅壮丽的人文奇观。地域不大的潮州在短时间内同时涌现了众多在全国有影响力的革命家和文化名人，不能不说是一个奇迹。壮丽的人文奇观从何而来？它来自深厚的文化沃土，来自韩愈文脉的传承，来自潮人的自强不息，来自光荣的革命传统。

深厚的文化沃土

甘甜的韩江水孕育出厚重的潮州文化。文化积淀并非一朝一夕之功，而是千百年来累积的结果。厚重的历史文化对人才的成长有着春风化雨、润物无声的作用。一方水土养一方人。这方水土造就了潮州人杰地灵，造就了众多的潮州文化名人。仅现当代在潮州成长、从潮州走出去的就有张竞生、詹安泰、饶宗颐、陈复礼等许多文化名人。还有中国早期的马克思主义者李春涛；红色报人、革命英烈许甦魂；1922年在旅法勤工俭学期间加入中国共产党，参加过周恩来等领导的第三次上海工人武装起义、南昌起义、广州起义和百色起义的我国第一个军事学博士徐光英。20世纪30年代参加左翼文化“八大联”的潮州人中，比较知名的还有电影事业家、中国第一代电影导演陈铿然，与艾思奇并称“南陈北艾”的著名马克思主义哲学家陈唯实，全国抗日救亡运动的重要领导人之一、广东思想宣传战线的杰出领导人石辟澜等。

2013年12月，著名文化学者、凤凰卫视高级策划、主持人王鲁湘经过长期考察，对潮州文化进行解读和点评：“天下三州：苏州、徽州、潮州。潮州为其一。”王鲁湘进一步说：“潮州是我们这些读书人都应该知道的一个地方。来到潮州，我感到非常震撼。”“潮州作为中国东南沿海地区的一个历史名州，被誉为‘海滨邹鲁’，其人文、历史，包括民俗、工艺等都十分丰厚。”

如果说这是一家之言，那么，我们可以往之前回望。那时计算机应用还刚起步，可以说，当时只有少数精英才拥有电脑。2003年11月18日，新浪文化公布一项大型公众调查结果，中国最有文化的十座城市座次排定：第一名北京、第二名潮州……组织者宣称，“由新浪文化与《江南时报》、《华商报》、湖南卫视共同推出的大型公众调查：中国最有文化的城市评选活动经过了两周的紧张投票于2003年11月17日落下帷幕。本次活动受到多方关注，投票数量创下全新纪录。根据新浪网友投出的276万多张选票，中国最有文化的十个城市座次排定”。潮州得票仅以微弱的差距位居首都北京之后排名第二。

潮州历史悠久，文化底蕴深厚，是继广州之后广东第二座国家历史文化名城，也是全国最早获评的62座国家历史文化名城之一。北宋以来，潮州便有“海滨邹鲁”“岭海名邦”之赞誉。史实昭示，潮州至少在距今5000年前就有人类居住。远古时代，土著畲族先民便在这里繁衍生息。秦始皇三十三年（公元前214年）潮州地属南海郡，始载入中国版图。东晋咸和六年（公元331年）置海阳县。海阳县域广及今潮州市、汕头市、揭阳市、梅州市大部。从东晋义熙九年（公元413年）设立义安郡至1955年9月粤东行署迁往汕头，潮州历来是（郡、州、路、府）地市一级治所，长期是粤东地区经济、政治、文化中心，因而人才荟萃、人文鼎盛。丰厚的文化沃土生长出许多书香世家，书香世家走出了戴平万、冯铿、饶宗颐等文化名人。

时至今日，仍然可见潮州人在文学、社科等领域的成就。比如著名的文化学者、北京大学教授陈平原就是潮州人。近10年来，广东省共评选了三届优秀社会科学家，潮州籍的占了广东省籍总数的三分之一。2011年、2015年、2019年广东省分别评出优秀社会科学家16人、10人、10人共计36人。笔者曾做过统计，这36位广东省优秀社会科学家中有外省籍21人，广东省籍15人，其中，潮州籍5人、广州籍

2人、其余8人分布在8个市。这5位潮州籍的广东省优秀社会科学家分别是詹伯慧、陈鸿宇、饶芃子、曾宪通、吴承学。他们当中，除陈鸿宇外，其余4人都是研究文学的专家。

韩愈文脉的传承

韩愈对潮州文化影响深远，他治潮期间，兴办教育，驱除鳄鱼，劝民农桑，释放奴婢，为潮州发展做出了巨大贡献，千百年来，人们都在传颂着他的事迹。韩愈治潮仅八个月，赢得“一片江山尽姓韩”。潮州兴学，非自韩愈始。然而韩愈在潮州兴办教育，成效卓著，开风气之先，奠千秋基业，有功于当代，深远影响于后世。

作为教育家的韩愈，深知教育的重要性。他认为：“道之以政，齐之以刑”，“不如以德礼为先，而辅之以政刑也”；“欲用德礼，未有不由学校师弟子者”。他请置乡校，尽心尽力办好教育，一改“此州学废日久”，“刺史县令，不躬为之师，里闾后生，无从所学”的状况。韩愈带头捐资创办乡校，亲自执教，讲授六艺经传。在他的努力倡导、言传身教下，“潮人始渐向学，书声琅琅，遍及滨海”。同时，韩愈知人善任，启用比他早登进士十四年品行学识俱佳的赵德摄海阳尉、主持州学，富有成效，“由是潮之士笃于文行”，揭开了潮州教育崭新的一页。韩愈通过举办学校传授道德礼义，传播中原先进文化，为唐代潮州经济注入活力，对后世产生了深远的影响。以此为起点，潮州文化教育大发展，赢得了“海滨邹鲁”的美誉。后来历代治潮者皆以韩愈为榜样，重视兴学育才，因而潮州人才辈出，登第进士从唐代的3人，跃至宋代的172人、明代的157人。其中海阳县先后出了文武状元林大钦、黄仁勇，榜眼王大宝，探花姚宏中。

值得一提的是，宋以来各个朝代，潮州都有杰出的女诗人，这也是一种独特的文化现象。饶宗颐编纂的《潮州志》卷十五《丛谈志》里有个“女诗人”专题，记载了宋元明清26位潮州女诗人。她们的作品，当时就在全国赫赫有名。她们当中有：女中豪杰陈璧娘和她气贯长虹的《平元曲》，陈白姑和她的千古绝唱《绝命诗》，郭真顺和她的《梅花集》，谢五娘和她绕梁三日的《读月居诗集》……拿郭真顺来说，她生于潮安庵埠郭陇，是元末明初著名女诗人，因教子有方曾受皇帝朱元璋的接见，享年125岁，120岁时仍能写诗，被誉为“古今中外第一长寿女诗人”。郭真顺的传奇事迹几百年来被文史界传为佳话，她的名字，已和西汉的班昭、东汉的蔡文姬、宋朝的李清照一样，永远载入我国的文学史册。左翼文化女中豪杰冯铿、陈波儿是否跟仗剑赴国难的陈璧娘、吟诗息兵灾的郭真顺一脉相承？

潮人的自强不息

潮州毗邻闽赣，屹立在南海之滨，地处韩江中下游，千里韩江穿越南北全境，上溯广东丰顺、大埔， 连接汀江，通往福建永定、上杭、长汀等地，下流经汕头入海，水路交通便利。凭借着自强不息的精神，潮州人脚踏实地，艰苦奋斗，创造了经济奇迹。农业以精耕细作和高产著称于世。手工业门类繁多，技艺精湛，尤以陶瓷、潮绣最为著名。潮州人善于经商，潮州传统商贸发达。由于地处沿海和侨资的进入口，作为海上丝绸之路节点城市的潮州，至1888年已先后建立了电报局、轮船码头，随后邮政局、昌明电灯公司相继创办。1906年潮汕铁路通车。1921年，振文、荣盛、文海等机械印刷厂及励华、耀昌火柴厂创办，现代工业有一定规模。明代中期以降，潮州府城成了闽粤赣边经济区的中心城市。鸦片战争以后，汕头开埠成为通商口岸，但是20世纪前50年，潮州城仍然是粤东（潮汕、兴梅）、赣南、闽西南的经济枢纽、商品集散地和商贸中心。①

富庶的潮州支持中国革命不遗余力，此间学子自强不息，不少青年富而思进。1925年春，东征军指挥部因见潮州位居韩江下游，与闽赣相毗连，自然条件优越，物产丰富，交通便利，其间不乏青年有志之士，遂决定呈请设立黄埔军校潮州分校。1927年“七日红”期间，南昌起义军前委派第十一军二十四师政治部主任陈兴霖为潮安县革命委员会委员长。据陈兴霖后来回忆，当时“潮州是粤东的大城市，商业繁盛，又是广东的华侨之乡，是比较富足的”。南昌起义军在潮州仅几天，就筹集到几十万银圆、数千支步枪、上万件冬衣和其他军事物资。这是南昌起义军转战江西、福建、广东三省各地获得的唯一的而且是巨额的军需支持。潮州当时的富庶程度可想而知，潮州人民热心支持革命不言自明。在这样的地方，出现众多的知识青年走上革命道路也就不难理解了。

潮州是中国著名侨乡。明清以后，潮州人多地少，人口与资源的矛盾日渐凸现，生存空间受到限制。凭借着自强不息的精神，潮州人走南闯北，艰苦创业，或下南洋打工，或做生意谋生，不断拓展生存空间。潮州海外移民始于唐宋，从明代开始，有成批的人出国谋生。从鸦片战争到新中国成立前这段时间是潮州人出国人数最多的时期。其中，仅1864—1911年间，潮州府共有200多万人漂洋过海前往东南亚谋生。如今，粤东海外华侨华人占全国华侨华人的三分之一，成为海外华侨华人社会中特色鲜明、实力雄厚的一个庞大群体，赢得了“东方犹太人”的美誉。有潮水的地方就有潮州人。历经演变发展，形成了“本土一个潮州、海外一个潮州”的独特现象。在向外发展

① 陈景熙著，潮汕历史文化研究中心编：《潮汕工商业史话》，香港天马出版有限公司2011年版，第72页。

过程中，潮州人抱团从商，成为中国著名的三大商帮之一。而且这三大商帮唯有潮商500年来长盛不衰、一枝独秀。旅外潮籍乡亲无论是赚得盆满钵满的大老板，还是普通打工族，他们“赚有就寄”，源源不断地将财富输送回家乡，反哺亲人。潮商、华侨慷慨解囊，举办学堂，资助家族学子求学，在全国各主要城市的潮州会馆设立基金会，资助潮州学子。所有这些都在一定程度上促进了教育文化事业的发展。“左联”潮籍作家群每个人的生存、成长、成才几乎都与潮商、海外华人有直接或间接的关系。

柯柏年是潮商的后代，1927年后曾避难海外两年，中国外交家凌青（林则徐的五世孙）曾发表文章称之为泰国华侨。陈波儿的父亲是华侨商人，她曾因上了特务的黑名单而逃往香港。梅益在上海中国公学读书时，曾得到在上海做纸张生意的老乡郑雪痕的帮助，在北平求学，又得到潮州会馆的资助。1922年，杨邨人得到在湖北汉口经商的堂叔父杨静吾的资助，才得以报考武昌高等师范学校、完成学业。1927年，李春鍏为躲避上海警备司令部的抓捕，迁居到距上海大学约1公里的潮州山庄避难。李伍在家乡为躲避国民党军对李家男子的追杀，在其经常在上海做生意的舅公王君五的帮助下，装扮成挑夫逃往上海。洪灵菲、戴平万都曾流亡东南亚，得到过海外潮州人一定程度上的帮助。戴平万在曼谷为摆脱特务的跟踪，曾躲进当地一所华侨学校，在华人校长的帮助下从学校后门逃出。洪灵菲与戴平万初到上海，就在一家潮州商行里面立足，该行的经理是他们城南小学的同学。潮商与华侨为潮籍作家群少年时期读书成才提供物质条件或者予以资助，在危难时刻提供了庇护。

侨乡潮州信息灵通、思想开放、文化发达。潮州文化在与外来文化的交流、激荡、碰撞中得以形成、融合、升华。传统的潮州音乐、戏曲、民俗及手工艺品对中国台湾、东南亚均有影响。外来文化也潜移默化渗透到潮州文化中来。以潮州方言为例，它被视为“古汉语的活化石"，同时又包含着数百个英语、泰语、马来语、印尼语等外来词。潮州文化在继承中华优秀传统文化的基础上，博采外来文化之长。可以说，潮州文化在全国率先走向世界，是一种既能很好保留中华传统文化精华而又较早与国际接轨的特色鲜明的地域文化。孙中山的革命活动得到当时的南洋首富、潮籍侨领郑智勇等许多华侨的支持。孙中山先生倡导的自由、平等、博爱等民主革命思想也影响到"唐山"（海外潮人称自己的故乡为"唐山"）。1920年2月，华侨青年姚维殷、廖质生从新加坡将《共产主义浅说》《社会主义史略》等8种宣传马克思主义的书籍2000多册带回潮州，在粤东、在省内外广泛传播。新思想、新文化、马克思主义很早就浸润潮州大地。美国传教士葛学溥教授在1918年、1919年和1923年乡村实地调查的基础上，出版了《华南的乡村生活》一书。据该书记载，当时马克思主义已经在戴平万的家乡潮安归湖溪口村这个偏僻山村传播，村里的青年知识分子在看《共产党宣言》、读陈独秀编的《新青年》杂志。

光荣的革命传统

潮州是一座英雄的城市，潮州人民具有光荣的革命传统和深厚的爱国情怀。明代中后期，俞大猷率官兵和潮安的龙湖、庵埠、彩塘等沿海地区人民奋起抗击侵略，给倭寇以沉重打击。1858年，中英签订了不平等条约《天津条约》，增开潮州为通商口岸，潮州人民奋起反抗，开展了反对英国殖民统治领事进驻潮州的斗争并取得胜利。1907年的丁未潮州黄冈起义，是孙中山领导的推翻清朝封建帝制10次武装起义中的第三次。1911年革命军和潮安民众活捉了清朝潮州知府陈兆棠，推翻了清朝在潮州的反动统治。

在十月革命和五四运动影响下，潮州革命运动高涨。潮州工人运动在中国早期工人运动史上占有重要地位。1917年12月，潮安城青年店员吴雄华等发起成立城东青年图书社，此后发展成为潮安青年图书社。该社是全国最早学习研究马克思主义学说的团体之一。1920年5月1日，潮州城各救国工团两三千人，在开元寺前广场集会纪念五一国际劳动节。这是中国工人阶级第一次纪念自己的节日。1921年秋，潮州工界领导人谢汉一等，在马克思主义学说的武装下，意识到工人阶级应当为“反对帝国主义、反对封建军阀官僚和一切剥削工人的恶东家”而斗争，才是“救国的根本之策”。谢汉一等明确提出反帝反封建的政治主张当时在全国具有首创性。1923年2月，吴佩孚制造了震惊中外的京汉铁路二七惨案，潮州工界联合会暨4个支会28个工团致电慰问和声援，发电吁请全国各地工会“做京汉铁路工人的后盾，誓与北洋军阀斗争到底”。1925年5月，潮安各界民众强烈谴责帝国主义制造上海五卅惨案，屠杀中国工人的罪行，举行追悼五卅殉国烈士大会，发动民众为蒙难同胞家属捐款。6月30日，潮州追悼五卅受难烈士大会在开元寺广场举行，会后群众冒雨举行了声势浩大的示威游行。当天，潮州城商店全部停止营业。

潮安农民运动在彭湃直接领导下迅猛发展。《中国共产党广东历史大事记（1919—1949）》载明，1925年10月广东的农会组织发展迅速，潮安紧随海陆丰之后成立农民协会。潮安农会在声援海陆丰“七五”农潮，抗议海丰反动县长王作新对农民运动的镇压等方面做出了重要贡献。

据《中国共产党广东历史大事记（1919—1949）》记载，潮安是广东最早响应和声援北京五四运动的地方之一。1921年1月，潮州社会主义青年团在市区铺巷武祠成立。这是全国最早建立的17个地方团组织之一。《中国青年工作大事记》记载，到1922年5月召开团一大时，全国已经有17个地方建立了社会主义青年团。它们是：上海、北京、南京、天津、保定、唐山、塘沽、武昌、长沙、杭州、安庆、广州、潮州、梧州、佛山、新会、肇庆。这些青年团组织积极宣传马克思主义，对建党工作在某种意义上是起了思想上和组织上的准备作用，为中国早期共产主义运动做出了重大贡献。

国共合作的大革命始发于广东。广东国民革命策源地主要包括两个区域：广州和粤东（东江）。广州地区主要是蒋介石、汪精卫等把持，粤东地区主要由周恩来、彭湃等共产党人领导。潮州等粤东地区革命气氛更浓厚。1925年，周恩来等率东征军两次东征到潮州，大力支持潮州工农运动，促进潮州国民革命的发展。这个时期许多著名共产党人如邓颖超、许继慎、熊雄、恽代英、萧楚女、周逸群、蒋先云都在潮州开展革命活动，播撒革命种子。在周恩来、陈延年直接领导下，1925年11月，中共潮安县支部成立。同年11月21日，周恩来被国民政府任命为东江各属行政委员（相当于专员），主持惠潮梅25个县的地方行政工作，“启政府与人民合作之机，开东江革命政治之新纪元”。潮州大革命风暴席卷韩江两岸。潮州作为国民革命策源地的组成部分，为广东革命根据地的统一、巩固和发展，为支援北伐战争做出了重要贡献。

大革命时期，国民政府先后建立了黄埔军校潮州、南宁、武汉、长沙4所分校。潮州分校位于市区中山路李厝祠。它是大革命时期国民政府为培养革命武装力量创办的黄埔陆军军官学校第一所分校。它成为第一次国共合作时期国民政府在粤东的军事摇篮。蒋介石兼任校长，汪精卫兼任党代表，周恩来兼任政治部主任。周恩来聘请李春涛、李春蕃为潮州分校教官。在潮州创办黄埔军校第一所分校，表明了潮州在广东革命根据地的重要地位。潮州分校招收了两期学员。第一、二期毕业学员分别为348人、380人，与黄埔军校校本部第三、四期毕业生享受同等待遇。潮州分校培养的毕业生在北伐军各部队中担任军事或政治工作，许多人成为国共两党的军事政治骨干，参加了北伐战争的历次战斗，共有近200人伤亡。这些烈士的名字被载入黄埔军校同学会荣哀录。潮州分校为国民革命做出了应有的贡献。

土地革命战争时期，周恩来、朱德、贺龙、叶挺、刘伯承、陈毅、彭湃、周逸群、徐特立、粟裕、方方、古大存等老一辈无产阶级革命家在潮州留下光辉足迹，引领潮州人民开展武装斗争、实行土地革命、建立红色政权。1927年9月23日，在潮安工农武装的策应配合下，南昌起义军占领潮州城，帮助潮州人民建立红色政权，史称“潮州七日红”。而潮安人民出钱出力，舍生忘死，浴血奋战，策应支援南昌起义军，为保存南昌起义火种，为朱德、毛泽东井冈山会师，为中央革命根据地的建立和发展做出了独特贡献。诚如粟裕大将所作的《颂涵碧楼》《竹竿山头望》中的诗句云：“潮州七日红，青史垂千秋。”“碧血洒韩江，激流汇井冈。”

具有光荣革命传统的红色土地，是产生红色文化名人的土壤和条件。然而，共产主义思想不可能自发产生，革命需要引路人，把潮籍作家群体引领上革命道路的，主要是我国早期的马克思主义者李春涛和潮安早期的共产党人许甦魂。

李春涛（1897—1927），1918年在日本留学时就与彭湃等人一道开始学习研究马克思主义和俄国革命经验，1921年秋，李春涛在潮州金山中学任教务长、代校长期间，开讲座、出专刊，宣传马克思主义和社会主义思想。1924年1月，他在北京公开撰文，阐明中国不能走资本主义道路，而必须走社会主义道路。1925年，李春涛在广州协助毛泽东编辑《政治周报》，1925年底，李春涛被周恩来推荐为岭东民国日报社社长。该报刊登了许多马列原著，宣传马克思主义，为土地革命战争时期和以后各个时期中国共产党人学习和掌握马克思主义提供了教材。1985年，全国政协主席邓颖超为纪念这位早年战友亲笔题词：“李春涛烈士永垂不朽！”洪灵菲和戴平万等人在潮州金山中学读书时就受到李春涛的影响而同情向往革命。李春涛的4个弟弟李春蕃、李春鍏、李春霖、李春秋都是在其影响下走上革命道路，然后到上海参加左翼文化组织的。

许甦魂（1896—1931），华侨中最先接受马列主义的爱国者之一。早年在家乡发起新文化运动。他坚信“布尔什维克的真谛，为吾人救世之药方也”。他1924年初加入中国共产党，成为华侨中较早的中共党员之一，先后担任国内外多家报刊的记者、编辑、总编辑。北伐战争期间，他主编《海外周刊》共45期，动员组织华侨和国内民众支持国民革命。在1926年1月召开的国民党二大上，许甦魂和毛泽东、董必武、邓颖超一道被选为国民党中央候补执行委员。许甦魂参加南昌起义，周恩来指定他为前敌委员会秘书并让其参与南昌起义宣言、布告及起义后国民革命委员会实施政纲等一系列重要文件的起草工作。他参加百色起义，任红七军政治部主任，与军长张云逸、政委邓小平一道带领部队转战千里，与中央红军会师。张云逸大将称赞“许甦魂是一位为中国革命英勇奋斗，对党对人民事业忠心耿耿的优秀共产党员，红七军的优秀领导人，富有才华的红军政治工作领导者”。

许甦魂是洪灵菲、戴平万参加革命的引路人、加入中国共产党的介绍人。许甦魂早年在家乡潮安庵埠发起新文化运动，废除旧校制，用白话文教学。创办女子夜校，动员妇女放开缠足，剪去发髻，冲破了封建礼法对妇女的束缚。这一切，深深地影响了包括杨邨人的继母陈新宇在内的潮汕妇女。而杨邨人则是受其继母的启蒙教育和影响而走上革命道路的。后来，先期到达上海的杨邨人介绍洪灵菲、戴平万、杜国庠加入太阳社，还介绍陈波儿加入左翼戏剧团体。

1928年5月，洪灵菲、戴平万、杜国庠、李春鍏、李春秋等人在上海成立左翼文学社团我们社，在上海四川路海宁路357号创办了晓山书店，出版《我们》月刊。1929年春，冯铿和许美勋两位作家也到了上海。他们很自然地融入这个潮籍作家群体。因为洪灵菲、戴平万早在1923年就响应许美勋的倡议，加入火焰社，经常在许美勋主编的

《火焰》周刊上发表文章。共同的志趣、爱好把洪灵菲、戴平万、冯铿和许美勋连在一起。冯铿还在杜国庠、柯柏年的介绍下加入中国共产党。此后，梅益也从北平来到上海。至此，杨邨人、李春鍏、李春霖、李春秋、柯柏年、洪灵菲、戴平万、杜国庠、陈波儿、冯铿、许美勋、梅益等潮籍文化人群体齐聚上海，以强大的阵容出现在中国左翼文坛上。

洪灵菲

（1902—1934）

- 播下反抗的种子
- 真理光芒的照耀
- 到革命的战线上去
- 历尽磨难初心不改
- 妙手著文章
- “左联”最年轻的常委
- 完整的布尔什维克
- 雨花台上留英名

他是和一切的烈士共同地用了血与生命的累积，做了今天光辉灿烂的中华人民共和国的奠基石——坚强而有力的奠基石。

——孟超

CHAPTER 3

第三章 『左联』常委洪灵菲

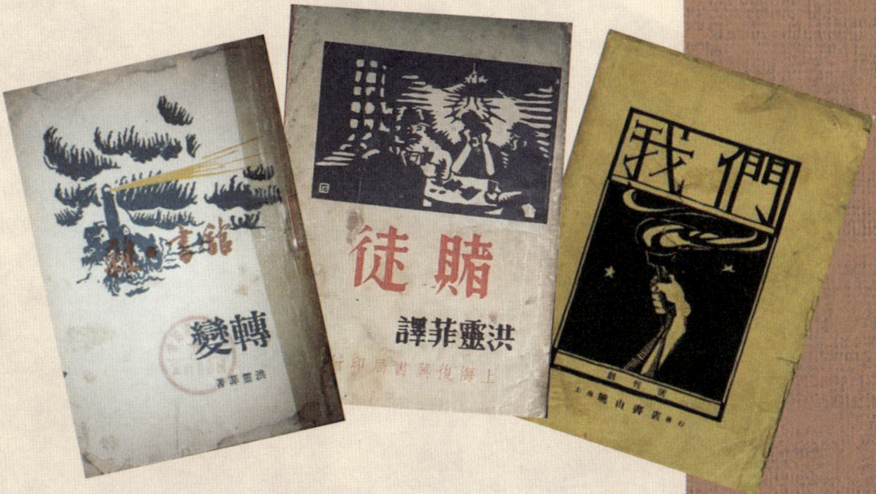

2014年12月，习近平总书记在江苏视察时指出："在雨花台留下姓名的烈士就有1519名。他们的事迹展示了共产党人的崇高理想信念、高尚道德情操、为民牺牲的大无畏精神。要注意用好用活丰富的党史资源，使之成为激励人民不断开拓前进的强大精神力量。"据此，江苏省委组织精干人力，摄制了文献纪录片《致未来书》，编写了《雨花台烈士传丛书》和《雨花忠魂》纪实文学系列丛书。这些音像文字作品，无一例外将"左联"常委、潮州人民的优秀儿子洪灵菲的名字和光辉革命事迹载入其中。

在中国共产党95周年诞辰之际，中共中央党史研究室、中共江苏省委联合出品，先后在江苏卫视和中央电视台播出的歌颂南京雨花台英烈不朽精神的六集文献纪录片《致未来书》第二集的解说词字幕和同期声显示："这是三部在上世纪二三十年代引起过轰动的小说《流亡》《前线》《转变》。它们的作者就是中国革命文学的拓荒者洪灵菲。洪灵菲，潮州人。"

潮安江东红砂村洪灵菲故居

据统计，在南京雨花台惨遭国民党反动派屠杀的共产党员和革命志士有10余万人之多，而留下姓名的百无一二。中国左翼作家联盟常委、全国反帝大同盟领导人洪灵菲是留下姓名的最著名的英烈之一。他的名字与中国共产党早期领导人恽代英、邓中夏、罗登贤，国民党左派领袖邓演达等雨花英烈的名字同样显赫，名垂青史！洪灵菲，不仅在“左联”众多潮籍作家中出类拔萃，文学成就最高，而且是中国无产阶级革命文学的拓荒者。尽管他年仅32岁就惨遭国民党当局杀害，但他短暂的一生却在中国现代文学史和中国现代革命史上写下了光辉的一页。

播下反抗的种子

洪灵菲的家乡江东，四面环水，位于潮安县东南端韩江下游。江东岛为韩江冲积、切割、分叉又闭合包围而成，环岛大堤长达46公里，俗称“溪中”。改革开放之前，江东没有桥，进出江东都得坐船。江东是韩江环绕的绿岛，土地肥沃，民风淳朴。新中国成立前，江东是洪水泛滥的地方。民间流传着“江东三年不决堤，母猪也能戴上金耳环”的说法。意思是说，如果没有洪涝灾害，江东将会富得流油，连母猪也能披金戴银。江东与潮州市区隔江相望，靠近潮州市区这一端叫上江东，靠近澄海那一边是下江东。烈士的故乡红砂村属下江东。新中国成立前，江东人民世世代代饱尝决堤带来的洪水灾害之苦。为避洪水，江东民居建筑一般都是两层的贝灰木材结构的瓦房，楼层用杉木铺成，平时不住人，只堆放粮食和作为燃料的干稻草等物品，决堤时人们才不得不往楼上住。少年洪灵菲为了专心学习，不受干扰，就常常爬到楼上读书。

洪灵菲原名洪伦修，辈序名洪树森，曾用名洪素佛、李铁郎、林曼青、林荫南等。而洪灵菲是他的笔名，以笔名而传世，正表明了他在中国现代文学史上的地位。洪灵菲1902年（农历壬寅年正月）出生于广东海阳县（今潮安区）江东镇红砂村一个农民家庭，父亲叫洪舜臣。洪灵菲有两个哥哥、一个姐姐、一个弟弟，在兄弟中排行第三。读大二时，在父母的压力下，洪灵菲与邻村黄婵英成婚，生一女，叫洪瑞娟。后来，与自己情投意合的革命伴侣秦静（秦孟芳）结婚，生育两子一女。1928年长子洪小灵出生、1929年次子洪曙曦出生、1932年女儿洪小菲出生。次子洪曙曦送回老家红砂村由洪灵菲的母亲抚养，因天花病不幸夭折，老母亲抱养洪瑞宁过继给洪灵菲夫妇。洪灵菲被捕不久，秦静也在北平火车站被叛徒和特务盯梢抓捕，连同两个孩子一起被关进监狱。洪小灵的四叔父洪伦钧出巨资将洪小灵、洪小菲兄妹赎出，送祖母陆秀容和大妈黄婵英抚养。西安事变后秦静作为政治犯被释放，回到红砂，母子重逢。洪灵菲与秦静夫妇的一双儿女，在党组织的帮助下，先后送往延安。1938年，在夏衍的帮助下，秦静与八路军办事处取得联系，将洪小灵送往延安，后到苏联留学。洪小灵曾任国家原子能实验室主任，是中国第一颗原子弹“双温法重水”技术主要研制者和完成者。1946年，秦静又托董必武将女儿洪小菲带往延安学习。黄婵英所生的洪瑞娟后移居新加坡。洪瑞宁一直在潮州任教师，在潮州师范学校退休。

洪灵菲祖祖辈辈务农为生，到洪灵菲祖父一代才攒下几亩田产的家业。祖父有意培养儿子洪舜臣读书，希望他能走科举之路，博取功名。但是洪舜臣时运不济，最后连秀才也没考上，先靠教私塾为生，后来改为行医。洪舜臣医德高尚、医术高明，常能妙手回春，药到病除。他发明研制出通气丸、解热丸、安神丸，疗效不错，畅销潮州城乡，在南洋一带销路也很好。他还在潮州市区太平路与昌黎路口交界处附近开有荣春堂药铺，现在已成百年老字号。因此，家庭经济情况渐渐好转。洪舜臣为人严正耿直、生性仁慈、乐于助人。村里人家庭有困难的到他诊所看病，他不但不收诊金，有时连医药费也不收，在乡亲中有良好的口碑。

可是，洪舜臣对洪灵菲非常严厉，洪灵菲一见到父亲，就躲得远远的。父亲一旦叫他，洪灵菲则低头无语，温顺得像只绵羊。他父亲特别迷信风水，喜看相问卜，他说洪灵菲是读书做学问的料子，但寿命不长。洪灵菲一举一动，在他父亲看来，处处不顺眼。洪舜臣认定这个儿子是“短命仔”“讨债鬼”。随着洪灵菲的长大，洪舜臣越来越觉得儿子的面相正如八字所说，耳垂薄、下颌尖，“没有福气”。洪灵菲读书或朗读诗词，就说他音调哀怨凄楚，不是吉兆；洪灵菲写字，本来很端正利落，却说笔画好像骨头，没有肉，不饱满，是“短命相”。在洪灵菲的心目中，父亲留下的几乎都是严厉有加的可怕面目，这在他后来自传体的小说《流亡》《转变》等作品中都有体现。书中主人公的父亲都作为封建礼教的化身，呈现出令人憎恶的面孔，就有他父亲的影子。其母虽系农家女，却粗识文字，性情温和，能吃苦耐劳。洪灵菲成年以后工作勤奋，待人接物诚恳真挚，体贴入微，又能舍己为人，生性豪放爽快，不计较个人得失的性格，无疑与其双亲为人处世的影响分不开。

洪灵菲童年家境贫困，生活艰难，15岁之前从没有单独吃过一个完整的鸡蛋。总是要求母亲多分给他一点鸡蛋，母亲劝他，你要好好念书，将来有本事，什么都有得吃。他四五岁开始，每天早上，天刚微亮，就跟哥哥开始拾猪粪以作肥料，捡蔗渣充当燃料。他们常常受到地主的欺侮、辱骂和毒打，嫌他们脏、臭，不应该从其家门口经过。洪灵菲向母亲哭诉，母亲则忍气吞声安慰孩子说：“好孩子，不平的事多着哩！咱们是穷人家，他们有钱有势，谁敢惹他们呢？惹着他们，还不是咱们吃亏！官府还不都是为他们说话？”贫富的差距，不公平的社会，在洪灵菲的幼小心灵中打下了深深的烙印，播下了仇恨黑暗势力、反抗不公平社会的种子。

真理光芒的照耀

1911年，洪灵菲9岁进入乡村私塾读书。他天资聪颖，勤奋好学。一进学校，便专心致志读书。由于家里人口多，家中仅有两三间小破屋，十分嘈杂拥挤，他便常常溜到楼上去看书，村里人都称他为书呆子。到了1915年，父亲洪舜臣在市区开的荣春堂药铺在潮州城小有名气了，家庭经济宽裕，遂把他带到城里上小学，13岁的洪灵菲到潮州城南小学的四年级插班。在教师当中，对洪灵菲影响最大的是国文老师戴贞素。戴贞素15岁就中了秀才，学问渊博，书法、诗词俱佳，并且受到新潮流的熏染和进步思想的影响。戴贞素有个儿子叫戴平万，与洪灵菲同班，两人非常要好，就常邀洪灵菲到城南小学附近的岳伯亭总兵巷家里去。在戴贞素的影响下，洪灵菲也喜欢上了唐诗，到小学毕业时旧体诗已写得不错了。

1918年，洪灵菲小学毕业。父亲打算让他中止学业，到店里去帮忙，但在他再三的要求下，父亲终于同意他继续读中学。那年秋天，16岁的洪灵菲与戴平万一起考进广东省立潮州中学（金山中学前身）。1919年，五四运动爆发，洪灵菲同其他爱国进步学生一样深受陶冶，在校组织了学生救国活动，接触了《新青年》《新潮》《新生活》等刊物，他如饥似渴地阅读、吸收，使他逐渐萌生了对自由平等的社会的朦胧向往。他深受新思想、新文化的影响，追求自由解放，爱好写旧体诗，是学校文坛上的活跃人物。

洪灵菲在潮州金山中学读书期间，我国早期的马克思主义者李春涛任该校教务长、代校长。李春涛自1921年9月12日起每天中午（12时30分至13时15分），定时在校内四角亭举办讲座，讲解社会主义学说，向学生灌输新思想，传播马克思主义。同时创办校刊《金中月刊·进化》，主张进化，倡导革命和变革，彻底否定一切腐朽腐败事物。在李春涛的主持下，学校气象一新。洪灵菲、戴平万等一批学生渐渐受到李春涛的影响，初步接触了马克思主义、社会主义思想。在真理光芒的照耀下，洪灵菲一步一步走上了革命的道路。

到革命的战线上去

1922年中学毕业后，洪灵菲又与戴平万考上了国立广东高等师范学校西语系。1923年春，许美勋在汕头《大岭东日报》刊登启事，发起组织潮汕最早的新文学社团——火焰社。洪灵菲在广州见到启事，写信与许美勋联系，参加了火焰社。火焰社的社刊《火焰》，作为《大岭东日报》的副刊出版，洪灵菲常常向《火焰》投稿，在上面发表了一些旧体诗。他的处女作小说《一个小人物死前的哀鸣》在《香港日报》发表，署名为洪素佛。

1924年，他就读的广东高等师范学校与法专、农专等校合并为广东大学（1926年改名国立中山大学）。这里拥有许多优秀的教师，对洪灵菲影响最大的老师是郁达夫。洪灵菲从小喜爱文学，阅读了许多国学经典和古今诗词，最喜欢李白、杜甫、白居易、李清照、苏曼殊的作品。上大学后，接触了外国文学，又非常崇拜雪莱、拜伦等浪漫主义诗人，醉心于文艺的学习和练笔，这为他日后的文学创作打下了坚实的基础。郁达夫是当时很有名气的作家，洪灵菲勤奋好学，也给郁达夫留下深刻印象，成为郁达夫最喜欢的一个高才生。

在广州读大二期间，父母为洪灵菲定下了一门亲事。未婚妻是邻村的女孩黄婵英，不识字，与洪灵菲素不相识，更谈不上有感情。洪灵菲不满父母包办婚姻，几经抗争，但其家人以断绝关系相要挟，并不给他寄钱。家里不给钱，他便自己写文章，到处投稿，维持生活。可是，有时文章发表了，署名不变，稿费却被人窃取了。无奈之下他只得回家成亲。之后他除了几次短暂的回家外，很少与黄婵英相见。

无力反抗封建包办婚姻，使洪灵菲一度消极、悲观、失望、颓废，甚至想自杀，整天借酒消愁，有时醉得一连昏睡两三天不能起床。就在洪灵菲坠入痛苦的深渊难以自拔的时候，他遇到了共产党人许甦魂。许甦魂向他伸出热情的手，晓之以理，动之以情，引导他走出迷茫。许甦魂，原名许统绪，又名许进，潮安庵埠人，1924年初加入中国共产党。国共合作时期进入国民党中央决策层并兼任海外部秘书长。1927年四一二反革命政变时，反动的南京国民政府发布了《通缉共产党首要令》，通缉共产党领导人和国民党左派人士共197名，被通缉的前十名名单依次是鲍罗廷、陈独秀、谭平山、林祖涵、于树德、吴玉章、杨匏安、恽代英、毛泽东、许甦魂。许甦魂参加了著名的南昌起义、百色起义、中央革命根据地第三次反"围剿"作战。1931年 11 月在肃反扩大化中被错杀。1945年，中共七大追认许甦魂为革命烈士。许甦魂非常喜欢洪灵菲，欣赏他的才华横溢，聪明能干，有学问，出口成章，落笔成文，善于处事，同时，为洪灵菲的不幸婚姻抱不平。他鼓励洪灵菲一定要坚强起来，另找志同道合的伴侣，不能软弱，不能自杀，必须反抗到底，推翻吃人的旧社会。

从此，洪灵菲判若两人，成为一个生气勃勃，心情舒畅，大有作为的青年。以老乡关系为纽带，洪灵菲与许甦魂、戴平万在广州组织领导潮州旅穗学生革命同志会的学生运动并开展得有声有色。1924年，经许甦魂介绍，洪灵菲加入了中国共产党。1925年6月19日爆发了省港大罢工。6月23日，英国士兵开枪镇压广州的游行队伍，造成严重伤亡，制造了沙基惨案。洪灵菲四处奔走，发动广大学生反对帝国主义屠杀中国人民的暴行。这期间，洪灵菲经常出现在各种群众集会上，做宣传组织工作，动员组织广大罢工工人团结起来，积极参加反帝斗争。洪灵菲1926年6月发表《到革命的战线上去》的文章，已表明了为革命事业而奋斗终生的决心。

1926年6月，洪灵菲从国立中山大学毕业。时值国共合作的国民革命蓬勃发展的时期。7月，他由许甦魂推荐到国民党中央委员会海外部工作，直接由许甦魂领导，先后担任海外部组织科、交际科干事，还担任海外部《海外周刊》的编辑。许甦魂作为第一次国共合作时期杰出的政治活动家、华侨领袖，他在组织发动华侨支援省港大罢工，推动国民革命军出师北伐和胜利进军上做出了重大贡献。许甦魂等人联名向国民党二届二中全会提出迅速出师北伐的提案，促成国民革命军10万人于1926年7月9日出师北伐。许甦魂还组织领导各地华侨支持北伐，至1926年底，各地华侨捐助北伐的军饷多达100万大洋。在这个过程中，洪灵菲协助许甦魂处理了许多具体事务，如联络华侨，接受捐款，组织发动工人和学生支援北伐战争，深得许甦魂赏识。与此同时，洪灵菲协助许甦魂编辑海外部机关刊物《海外周刊》，坚持团结华侨、反帝反封建宗旨，用心选编稿件，报道革命真实情况，对国民党右派日益反动进行揭露和反击。《海外周刊》受到国内民众和广大华侨欢迎。短短15个月《海外周刊》出版了45期，从而促使筹饷与宣传并进，使正义之师得到人民的拥护和欢迎。在许甦魂的直接领导、悉心指导帮助下，洪灵菲加深了对革命的认识，工作能力不断提高，更加自觉参加革命斗争。

1926年6月，由许甦魂介绍，洪灵菲与心目中理想的革命伴侣——秦静相识相爱。秦静是位进步青年，东征军到达潮州后，她参加过邓颖超组织的妇女解放协会，受过革命思想的启蒙教育。不久，秦静从故乡潮州来到广州，考入了何香凝主办的妇女运动讲习所。毕业后，秦静分到海外部担任文书，并由许珉仇、洪灵菲介绍加入中国共产党。1927年3月2日，洪灵菲与秦静二人在广州举行了婚礼。洪灵菲一直主张革命与爱情并重，婚后两人到照相馆拍了一张相片，作为爱情的见证。在照片的背后，洪灵菲题写了这样一段话："为革命而恋爱，不以恋爱牺牲革命！革命的意义在谋人类的解放，恋爱的意义在求两性的谐和，两者都一样有不死的真价！”洪灵菲在革命斗争中不仅获得了新的生命，同时也得到真正的爱情和幸福。

历尽磨难初心不改

1927年4月12日，蒋介石在上海发动反革命政变，几天之后广州也陷入了腥风血雨中。4月15日，广东的国民党右派公开叛变革命，白色恐怖笼罩广州。他们疯狂镇压工农运动，逮捕、监禁、屠杀共产党人和进步人士。积极进行革命活动的洪灵菲，便成为反动派缉拿的对象。那天一大早，反动派闯进中山大学，到洪灵菲居住的宿舍抓人，把睡在他床位上的许涤新当作洪灵菲抓走。

反动派发觉带走的人不是洪灵菲，又到海外部抓他。洪灵菲因病发烧没有上班得以幸免。国民党反动派未抓到洪灵菲，不甘罢休。他们在《中央日报》和《广州民国日报》刊登逮捕洪灵菲的通缉令，洪灵菲先是转移到一个尼姑庵去隐蔽。由于形势险恶，尼姑庵也无法藏身了，洪灵菲夫妇在好心的尼姑帮助下，一度转移到白云山一尼姑庵的佃户家里去避难。几天后，在组织的安排下，洪灵菲又与当时刚从星洲（今新加坡）归国的代表团负责人蔡博真，以及海外部的陈沧海、张晓天等一起到香港避难，住在潮汕老乡、许甦魂好友吴老板的家里。

港英当局发现吴老板家突然增加了许多人，便起了疑心，以查户口为名，将洪灵菲、蔡博真、张晓天三人逮捕了，囚禁在香港西捕房。后因查无证据，便将他们三人押送上轮船，驱逐出境。

洪灵菲上船后，担心港英当局与国民党政府串通难逃魔掌，因而马上采取对策，乔装商人。到汕头后，洪灵菲目睹这里也是一片白色恐怖，并看到了那份刊登了通缉令的《广州民国日报》。由于处境十分危险，他不得不化装成一个出洋谋生的贫苦农民，剃了光头，赤着双脚，穿上破烂衣服，系着潮汕人特有的水布，背着市篮，独自到南洋去了。

他先后去了新加坡、暹罗（今泰国）等地。但是国民党反动派的魔爪也伸到了南洋，到处追捕共产党人和革命群众。洪灵菲的亲戚朋友都怕受连累，不敢接待收留他，南洋同样没有立足之地。这期间，他东躲西藏，在香港被拘捕，在新加坡栈房挨过饿，在湄南河上漂泊……在海外的几个月，洪灵菲白天到处流浪，夜晚则栖身公馆墙角，饱尝辛酸苦楚。

洪灵菲和戴平万先后在南洋过着流亡生活。他们不期而遇，便相约一起乘船经新加坡前往上海。1927年秋，洪灵菲和戴平万在上海得知中国共产党举行了武装反抗国民党反动派的南昌起义，起义军已向潮汕进军的消息，他们便一道前去投奔。当他们赶到汕头时，起义部队已经撤离。找不到起义部队，洪灵菲和戴平万返回故乡，暂时匿居在洪灵菲的家乡红砂村。

四一二反革命政变屠杀了千千万万共产党人和工农群众，革命者的鲜血染红了黄浦江、珠江。在白色恐怖面前，洪灵菲没有畏缩，没有退却，历尽磨难，初心不改。反动派的罪恶行径更激起他满腔仇恨。洪灵菲恨不得拿起枪杆子奋起反抗，将反动派一扫而空；恨不得拿起笔杆子当作匕首投枪，揭露反动派屠杀政策，唤起民众同敌人斗争到底。从红砂村再出发，洪灵菲和戴平万到海陆丰参加农民运动，拿起枪杆子为推翻人吃人的黑暗社会而战！可是不久，海陆丰农民武装斗争又一次失败了。他俩只得离开海陆丰经香港来到上海，投入新的战斗。

妙手著文章

1927年冬，洪灵菲又来到上海。那时的上海，被称为“东方莫斯科”，是中共中央所在地，也是全国革命文化中心。很多进步文化人来到这里会合。《中国现代文学史》第六章在关于“无产阶级革命文学运动和中国左翼作家联盟”的记述中指出：“大革命失败后，剧烈的阶级斗争和新的革命形势对文学艺术提出新的要求。这时一部分参加过国内革命战争，重新回到文学岗位上的作家如郭沫若、成仿吾等，新自日本回国参加文学活动的青年作家如冯乃超、李初梨、彭康、朱镜我等，以及原先从事实际政治工作的革命知识分子如洪灵菲、李一氓、阳翰笙等，相继集中到上海。”

逃过这一劫，洪灵菲在庆幸中又感到迷茫：革命的出路在哪里？自己人生的方向在哪里？在前往上海的途中，他突然有了一种创作的冲动。他以自己过去几个月的亲身经历为基础，开始了自传体小说《流亡》的写作。洪灵菲是战斗在文化战线上的共产党员。他表示，“我们必须踏着已牺牲的同志们的血迹去扫除一切反动势力！为中国谋解放！为人类求光明！”他以自己卓越的文学才能，引导当时的年轻人走出沉沦，走向革命。

在小说《流亡》中，洪灵菲从四一五广州大屠杀写起，一直写到沈之菲追随起义部队进入潮汕，却扑了空，不得不再次流亡。主人公沈之菲最后明白了人生的意义，坚定了革命的决心，看清了社会的丑恶与黑暗，人与人之间的不平等，因此，要消除这种状况必须经过革命，实现社会的彻底变革。最后，沈之菲悄悄离开家庭，踏上了流亡的路途，“去为着人类寻找永远的光明”。

洪灵菲只用了一个半月时间，就完成了这部10万字的作品。就在《流亡》收笔之时，洪灵菲遇到了大学的老师郁达夫，郁达夫不仅为

《流亡》作序，还做了“热烈的介绍”，向上海现代书局老板卢芳推荐了这部书稿。1928年春，这本书经上海现代书局出版后，在国内各大城市和南洋一带销路甚佳。《流亡》成了洪灵菲的成名之作。洪灵菲的名字不胫而走，在上海文坛颇有名气，各书店争先恐后向他约稿，他凭着自己的文学才华在上海扎稳脚跟。

当时，洪灵菲与戴平万等五六位来自潮汕的流亡革命青年挤在上海法租界一间10多平方米的小房间里，生活条件十分艰苦，洪灵菲要肩负这个“大家庭”的经济重担。《流亡》的写作，打开了洪灵菲创作激情的阀门，他以一种非凡的热情进入了创作的高峰期。每天清晨4时起床，铺开纸笔开始写作，到8时别人起床时，他通常已经写出5000字了，每千字可得到4块大洋的稿酬。洪灵菲说：“革命尽管处在低潮，但我们手中有一支笔，能使革命在另外一个方面蓬勃活跃起来。”为了宣传革命思想，也为了流亡同志的生活来源，洪灵菲夜以继日辛勤写作。在革命处于低潮时期，洪灵菲以高昂的革命热情工作着，他用笔战斗，不辞辛劳，在文化战线上为党的事业做出了重要的贡献。

从1928年1月到9月，继长篇小说《流亡》出版后，1928年5月，上海晓山书店又出版了《前线》，1928年9月上海亚东图书馆出版了《转变》。短短8个月时间，洪灵菲写作、出版了三部长篇小说。

洪灵菲著作《流亡》《转变》

《前线》所写的是在《流亡》之前的国共合作时期，主人公霍之远，在国民党党部工作，又是共产党员。他一方面为革命奔忙，一方面在情场上角逐，有老婆孩子在乡间，却与林病卿相爱，又和妓女张金娇厮混，还与有了恋人并已同居的林妙婵热恋，在私生活上颇为出格。这正显示了他作为小资产阶级知识分子的情感的劣根性。不过，在反动派大屠杀的危急关头，他又能挺身而出，销毁文件，保护了党的利益和同志的安全，牺牲自己，成了英雄。

《转变》所写的则是在《前线》之前的五四落潮到北伐战争之间。主人公李初燕，是个从城里回乡间复习功课的准备考试的中学生，却与寡居在家的二嫂秦雪卿相爱，回到城里读书又与同学之妹张丽云相恋，父亲却要他与一个素不相识的村姑结婚。爱情的失意使他觉得家庭无温暖，社会太冷酷，非把这个不合理的社会制度推倒不可，经过一番苦闷、怨愤和抗争，最后在日益高涨的工农运动中，离家出走，走向革命。

这三部小说的风格非常近似，采取了那个年代流行的“革命+爱情”的模式。洪灵菲在他那短暂的文学生涯里硕果累累。他所有的作品，有一个共同特点，就是以他本人的生活际遇和真实感受为题材，真切地表现了大变动时代的社会生活和小资产阶级的思想转变历程，从而具有很强的时代性和代表性。后来，人们把《流亡》连同《前线》《转变》三部小说合称为“流亡三部曲”。这三部小说，都是以中国革命的重大事件为题材或背景，其中包括从五四落潮到第一次国共合作、省港大罢工、北伐战争，以及四一二反革命政变，反映大时代的历史洪流，在一定程度上带有史诗性质。无疑，“流亡三部曲”在现代文学史上有着独特的地位。

在《流亡》这部自传体小说中，洪灵菲喊出了自己的心声：“你灿烂的霞光，你透出黑暗的曙光，你在藏匿着太阳之光，你燎原大焚的火光，你令敌人胆怖，令同志们迷恋的绀红之光，燃吧！照耀吧！

大胆地放射吧！我这未来的生命终愿为你的美丽而牺牲。”88岁的洪灵菲烈士之子洪小灵2016年5月在接受江苏卫视采访时说：“我父亲是公认的多产作家，他有丰富的生活感受和体验，（《流亡》《前线》《转变》）这三部作品是讲他怎么样从一个热血青年，受到新文化的启发，受到党的教育，以致转变成一个无产阶级知识分子。”这三部作品是洪灵菲的代表作，也是初期中国无产阶级革命文学的代表作。“流亡三部曲”奠定了洪灵菲在中国现代文学史上的重要地位。

阿英当年就撰文指出：“洪灵菲有一种力量，就是只要你把他的书读下去一章两章，那你就要非一气读完不可。”他对洪灵菲的评价是：“在现代文坛上，是不可多得的。”蒋光慈在当时就曾称赞他是“新兴文学中的特出者”。杜国庠赞扬洪灵菲，年轻有为，非常佩服他。许涤新在回忆洪灵菲时说：“他是一个为革命献身的文学家。我同他谈话的时候，总觉得他的语言充满着诗意。”孟超在回忆文章中曾说，洪灵菲是“左联”作家中“最勤奋最辛劳的一个”。的确，洪灵菲绝大部分作品都是在1927年冬到1929年底两年左右的时间写成的。其中印成单行本的，就有“流亡三部曲”《流亡》《前线》《转变》，以及《归家》《气力出卖者》《家信》《长征》《大海》《两部失恋故事》等。还有大量的诗歌、散文、文学评论、译著，散见于《我们》《太阳月刊》《大众文艺》《拓荒者》《海风周报》《文艺讲座》等杂志。除创作外，他还翻译出版了高尔基的长篇小说《我的童年》（1930年），陀思妥耶夫斯基的长篇小说《地下室手记》（1931年）、中篇小说《赌

《赌徒》，洪灵菲译

徒》（1933年）。这些都是中国现代文学史上的宝贵财富。从1927年冬至1929年底，他一边从事革命斗争，一边创作了大量的小说、诗歌、文艺论文和翻译作品。洪灵菲的辛勤笔耕，为无产阶级革命文学贡献了近200万字的作品。

洪灵菲说过，无产阶级文学的特质是“唯物的、集团的、战斗的、大众的，它歌咏着自身的英勇的斗争，唤醒自身阶级里面的大众。它暴露敌对阶级的罪恶，表扬自身阶级的伟大的精神”。洪灵菲不但忠诚地反映出在革命低潮中革命青年由各种苦闷转变到反抗的历史事实，而且对于那黑暗的政治、黑暗的社会，以及屠夫刽子手疯狂的压迫和虐杀，加以无情的暴露，进一步指出革命才是唯一的出路。这就鼓舞了广大青年，教育了广大青年。在大革命失败而新的革命高潮尚未到来的历史转折时期，正当知识界和文学界不少人对革命前途产生悲观失望情绪的时候，洪灵菲等倡导和开拓的中国无产阶级革命文学，犹如在白色恐怖包围的环境中树起一杆鲜艳的红旗，振奋了人心，鼓舞了斗志，代表了新文学运动前进的方向。洪灵菲等倡导和开拓的革命文学，使中国革命文学从无到有，蓬勃发展，适应了无产阶级独立领导中国革命的新要求，开创了中国现代革命文学新时代，并为此建立了不可磨灭的历史功绩。

“左联”最年轻的常委

洪灵菲来到上海，与杜国庠、戴平万一道，在潮安老乡杨邨人介绍下，参加了太阳社。洪灵菲与太阳社发起人蒋光慈、杨邨人、钱杏邨、孟超，以及杜国庠、戴平万等成为太阳社的主要成员。同时，洪灵菲接上了党的组织关系，担任中共上海闸北区委书记。

1927年秋，当时的中共中央主要领导人瞿秋白向蒋光慈提议创办一份以提倡无产阶级革命文学的进步刊物。为此，蒋光慈与杨邨人、钱杏邨、孟超协商一致，共同出资创办刊物，1928年1月1日，《太阳月刊》诞生了。该刊名义上由蒋光慈主持，实际上由杨邨人和钱杏邨负责。无论是春野书店的成立、《太阳月刊》的创办，还是太阳社的组建，都是由蒋光慈、杨邨人等向瞿秋白请示后才行动的。瞿秋白、李立三等出席了太阳社成立大会。4位发起人分别介绍相识的文化人加入。杨邨人介绍了自己同乡，已在文坛崭露头角，并且已是中共党员的洪灵菲、戴平万和杜国庠参加。太阳社先后编辑出版了《太阳月刊》《时代文艺》《新流月报》《拓荒者》《海风周报》等刊物，以及“太阳小丛书”等。在反对国民党当局的文化“围剿”，倡导无产阶级革命文学方面，发挥了积极作用。

而创造社是五四新文学运动初期成立的文学团体。1921年6月8日在日本东京帝国大学郁达夫的寓所正式宣告成立。初期成员主要由在日本留学的郭沫若、成仿吾、郁达夫、张资平、田汉、郑伯奇等人组成。前期的创造社反对封建文化、复古思想，崇尚天才，主张自我表现和个性解放，强调文学应该忠实于自己“内心的要求”，是其文艺思想的核心命题，表现出浪漫主义和唯美主义的倾向。第一次国内革命战争时期，创造社主要成员大部分倾向革命或从事革命实际工作。后期创造社与太阳社一起大力倡导无产阶级革命文学。

但是，太阳社同创造社一样，由于受到当时中国共产党内和苏联等国外“左”倾思潮的影响，在提倡无产阶级革命文学的同时，却突如其来地发动了对鲁迅的批判。太阳社对五四以后的文学和鲁迅、茅盾等作家表现出了偏激的情绪，把以鲁迅为代表的新文学作家斥责为“旧作家”“不革命的作家”，认为他们“已落在时代的后面”，“不能承担表现时代生活的责任”，宣布阿Q时代过去了、鲁迅思想已过时。这引起了太阳社、创造社与鲁迅之间关于革命文学的论争。

在这样的背景下，1928年5月，太阳社主要成员洪灵菲、杜国

图为我们社出版的《我们》月刊

庠、戴平万等人，在继续参加太阳社的同时，又发起成立了另一个左翼文学社团——我们社，出版了《我们》月刊，创办晓山书店。我们社不仅所有的成员都是潮汕人，而且都是共产党员。这是作为中共上海闸北区委书记的洪灵菲顾全大局，为了平息太阳社与创造社之间的论争，为了平息创造社、太阳社与鲁迅之间关于革命文学的论争，而建立的一个新型文学社团。我们社与太阳社、创造社都有密切关系，但在对待鲁迅的态度上却与太阳社和创造社截然不同。我们社的发起人洪灵菲与杜国庠、戴平万等人非常敬重鲁迅，认为鲁迅是有正气的，是进步的，是正确的。他是五四运动的旗手，是教育家，是进步青年的导师。

创造社、太阳社与以鲁迅为代表的作家之间爆发了关于革命文学的论争，造成了左翼文艺队伍的涣散和内耗。1929年秋，论争引起党中央的注意，周恩来、李立三等中央领导人对论争的起因和过程做了分析研究，确认这是一场发生在革命文学阵营内部的争论，双方在坚持革命文学的方向上并无原则分歧，批评了创造社、太阳社成员所犯的教条主义、宗派主义错误，要求党员作家率先停止对鲁迅的批判，结束论争，争取把一切进步文艺力量团结在党的周围，共同对敌。早在1928年10月，中共中央就发出建立文化界统一的革命团体的指示。1929年6月25日，中国共产党在上海举行六届二中全会。根据这次全会决议，成立了中共中央文化工作委员会，潘汉年担任中共中央文委首任书记。党中央希望创造社、太阳社和鲁迅及在鲁迅影响下的作家联合起来，以这三方面人为基础，成立一个革命文学团体。这个团体名称拟定为“中国左翼作家联盟”，“盟主”请鲁迅出任。潘汉年走马上任后的第一项艰巨工作，就是解决持续一年有余的中国现代文学史上关于无产阶级革命文学的论争，建立“左联”筹备小组的工作。他广泛征求文化界党员作家和党外进步作家的意见，做好思想发动工作。潘汉年征求洪灵菲意见，洪灵菲衷心拥护并坚决贯彻党中央的决定。夏衍在《纪念潘汉年同志》中说，1929年夏秋之交，在中共上海闸北区的二次支部会上，洪灵菲向夏衍这些党员作家传达党中央决定，要求党员作家和党外革命作家停止论争，共同对敌。

1930年2月16日，洪灵菲出席了对中国现代文学史发展有重要影响的12人集会，他与鲁迅、夏衍、郑伯奇、蒋光慈、冯乃超、冯雪峰、钱杏邨、柔石、阳翰笙、戴平万、彭康等参加会议，酝酿、筹备成立中国左翼作家联盟。会议由潘汉年主持。这次会议着重“清算过去”和“确定目前文学运动底任务”，认真总结了革命文学论争发

“左联”于1930年3月2日在上海窦乐安路233号（今多伦路201弄2号）中华艺术大学举行了成立大会，洪灵菲与鲁迅、夏衍、钱杏邨、冯乃超、田汉、郑伯奇当选为“左联”常务委员。图为“左联”成立大会会址

生以后文化界存在的主要问题，即对小团体主义乃至个人主义，未能应用科学的文艺批评，以及不注意真正的敌人。在此期间，筹备小组还商定了召开“左联”成立大会的时间和地点，开会的程序，主席团的组成以及分工、安全保卫等具体方案，这些工作都由潘汉年请示党中央后决定。

1930年3月2日，中国左翼作家联盟在上海正式成立，洪灵菲、鲁迅、夏衍、钱杏邨、冯乃超、田汉、郑伯奇当选为常务委员，组成了“左联”的领导核心。“左联”的成立，“标志着革命文学跨入了一个新的发展阶段，也标志着中国无产阶级及其先锋队——中国共产党对于革命文艺事业领导的加强”。洪灵菲成为“左联”七常委中最年轻的常委。他为发展和壮大左翼文化运动不懈努力，做出了突出贡献。

完整的布尔什维克

洪灵菲频繁的革命活动，引起了国民党当局的注意。1930年下半年，为了转移敌人目标，党组织要求他暂时放弃写作，转入地下，担任江苏省委宣传部工作。他曾奉命参加纪念1927年12月广州暴动筹备会的工作，纪念活动结束后，他回江苏省委组织部工作。为开展抗日救亡运动，1931年九一八前，任弼时、潘汉年主持筹建全国反帝大同盟组织，1932年洪灵菲继任全国反帝大同盟党团书记。洪灵菲也是中国左翼文化总同盟的领导人之一。他多次组织并亲自参加在上海南京路上的抗日救亡集会示威游行，不怕流血牺牲，出生入死干革命。不久，上海《申报》登出了对洪灵菲的通缉令。

孟超在《我所知道的灵菲》一文说：“在那时候，洪灵菲除了写作之外，还在中华艺术大学担任着课程。教的是‘文学概论’‘小说作法'之类。中华艺术大学是在党领导之下，对知识分子作宣传教育工作的进步学校。他在那里也是为了革命工作，而不是简单的教学生活。不过，这学校也如那时其他公开的左翼文化活动一样，不久也遭了封闭。1930年'左联'（中国左翼作家联盟简称）成立，他在发起时就是组织成员之一。以后，他也曾参与过'文总'（中国左翼文化总同盟简称）的主要工作。"

"为了党的需要，他也曾暂时离开了文艺活动，而参加了更重要的党内或其他工作。他作过沪西区委的工作，江苏省委宣传部的工作，比较长久的，是全国反帝大同盟的工作。这一团体是1931年'九一八'前后全国进步力量因愤于帝国主义加紧侵略而组织的。它比较有广泛的群众基础，对于革命运动曾起过不小的作用。灵菲一直在里面担任着主要的领导工作。他通过群众路线，把党的政策实现出来，更把这团体原有的知识分子的组织基础推广到工人群众中间。他办了不少的工人夜校，他在这些夜校里都是亲自主持，或者亲自上课。因为夜校工作走上轨道，自然会成为工人运动的有力的辅助。"

洪灵菲有着丰富的白区对敌斗争经验，有着原则的坚定性和策略的灵活性，是一位成熟的革命家，一个完整的布尔什维克。许美勋回忆说："我们在党领导下，开展过不少有益活动，如办工人夜校、组织大学生读书会等。通过这些工作，深入群众，发动和壮大革命力量。但其时也在一定程度上受到'左'倾路线的影响，如不考虑敌、我、友等诸多方面的条件和态势，盲目行动，赤膊上阵，搞飞行集会等。记得一度还曾机械地规定每人每天散发多少张传单、书写多少条标语的定额。洪灵菲对这种主观主义的斗争方式，是有保留意见的。有次，在绍兴会馆开会，突然大门被包围，有人高喊：'冲出去啊！'灵菲拉了拉我的手，带我走上阳台，我们翻越一段拐道，走进一家药店的后门，然后在药店里买了药，堂而皇之地从药店正门出来。原来这条出路是灵菲平时就观察到的，药店店员也熟悉。我们在绍兴会馆正门对马路，看到部分从会馆正门里冲出来的同志，一个个被塞进一辆红色警车。警车呼啸而去，车里传出‘打倒帝国主义’的口号声。我们激动、愤怒、难过、担心，同时对鲁莽的行动也产生了怀疑。但他对共产主义的信仰是坚定不移的。后来灵菲终于面对屠刀，慷慨就义，用一腔热血，谱写下一个共产党员鲜红的履历。”①

当代著名作家、评论家鲍昌先生说：“（洪灵菲）是个革命者—作家。他首先是个革命者，其次才是个作家。”孟超说：“他（洪灵菲）从前还只是一个带有革命气质的诗人，而现在（1930年之后）是保持了固有的质朴的一方面，茁实的更提高了一步。我知道这是由于工作中的锤炼，磨去了旧知识分子从阶级出身中带来的弱点，他是真正的成为一个完整的布尔什维克了。”

雨花台上留英名

1933年2月，党组织为了洪灵菲的安全，更为了恢复北方地区党组织的工作，在北方地区开展抗日救亡运动，调洪灵菲到北平工作。秦静在《忆洪灵菲烈士》中说，洪灵菲从江苏省调到中央来了，在中共中央驻北平全权代表秘书处任职。此时，孔原（田夫）任中共中央驻北方代表，洪灵菲任中共中央驻北方代表秘书处处长（相当于秘书长）。孔原对外，洪灵菲对内，当时华北六省的文件和汇报材料都往他们那里送，他们负责领导这六省的工作。实际上，这个机构就是中共中央北方局，在北方六省享有全权，联系和领导直隶、山西、山

① 参见许美勋：《过早熄灭的明星——忆洪灵菲》，《韩江》1980年第2期。

东、河南、内蒙古、满洲等地党的工作。《吉林党史人物》第十四卷载：孔原1933年3月任中共中央驻北方代表，负责恢复和主持北方局工作。他联系和领导了中共河北省委、陕北特委，建立了绥远特委，联系了河南、山西、山东等省的个别地方党的组织。洪灵菲从中做了大量工作。

党史资料显示，在土地革命战争时期，中共中央北方局是中共中央在北方各省的领导和代表机关。1930年8月，由顺直省委改组而重建北方局。书记贺昌，秘书长陈复。1933年3月孔原任书记。1935年5月高文华任书记。1936年4月，刘少奇任书记，林枫任秘书长。由此可知，洪灵菲是孔原任书记时的中共中央北方局秘书长。孔原（1906—1990），原名陈铁铮，化名田夫、田心。江西省萍乡县（1960年撤县设市）人。1925年加入中国共产党。1927年参加南昌起义。抗日战争时期，历任中共中央社会部副部长、西南工委书记、中共中央南方局组织部部长。解放战争时期，曾任吉辽省委宣传部部长、民运部部长，吉东军分区政委、延边地委书记、

雨花台英雄群体塑像

吉林市委书记等职。新中国成立后，历任海关总署署长，对外贸易部副部长，国务院外事办副主任，中共中央调查部副部长、部长。曾是中共七大代表，中共第六、第八届中央候补委员，中共第十一届中央委员，中顾委委员，第三届全国人大常委会委员，第三、第五届全国政协常委。

洪灵菲协助孔原恢复和主持北方局工作。在白色恐怖环境下，领导北方地区党的地下工作，开展抗日救亡运动，组织建立抗日武装的活动，指导察绥民众抗日斗争和东北抗日游击战争。洪灵菲联络同志，保护和处理党的秘密文件，积极开展革命斗争。秦静随夫到北平，帮助料理家务，照顾孩子，抄写来往文件。1933年7月26日，孔原因临时有事，让洪灵菲替他到宣武门外李大钊烈士的侄女家去做联络工作。由于叛徒出卖，洪灵菲被国民党宪兵第三团蒋孝先部逮捕，备受严刑拷打，遍体鳞伤，但他坚贞不屈，经受了敌人的威逼利诱，始终不泄露党的任何秘密。

秦静也受到特务的跟踪盯梢。两个便衣侦探在火车站将准备离开北平前往上海的秦静及其两个孩子拦截，带到宪兵第三团团部。秦静见到洪灵菲满身是血，走路都很艰难。洪灵菲用潮州话对秦静说："我被叛徒阮锦云出卖了，现在只有准备一死，死前别无他言，希望你不要难过，带好孩子，我就满意了。"又说，"我是对得起党，对得起任何人，只有对不起你，从结婚到现在，累得你好苦。"不久，洪灵菲作为"要犯"被押解至南京。

他被捕后，国际国内不少组织和人士积极营救。日本反帝大同盟等国际进步组织和友好人士，国内宋庆龄等知名人士向国民党当局提出抗议，要求释放作家洪灵菲。他的岳父、潮州知识界名人秦昌伟也筹集巨款，希望赎他出狱，得到的答复是"此人死不悔悟，毫无回头之意，赎不得"。洪灵菲在小说《家信》中，借主人公之口，吐露出自己无悔的心声：母亲，我不愿意做一个忤逆的儿子，但这时代特别课给我们青年人一种重大的使命，摧毁旧社会，建设新社会的使命。母亲，流血呀，牺牲呀，自然是一件最可痛心的事情，但为着大多数人的幸福的缘故而流血，而牺牲，这是十二分值得的啊！1934年夏，洪灵菲正是怀着这样的崇高理想，走向了雨花台刑场，面对屠刀，慷慨就义。正如孟超在《洪灵菲选集·序》中所说，他是和一切的烈士共同的用了血与生命的累积，做了今天光辉灿烂的中华人民共和国的奠基石——坚强而有力的奠基石。

冯 铿

（1907—1931）

- 誓做傲雪岭上梅
- 惊人的政治洞察力
- “左联”的骨干盟员
- 最早在白区宣传苏区和红军
- 革命事业高于一切
- 反对王明“左”倾错误的先驱
- 具有国际影响的作家
- 不朽的龙华烈士

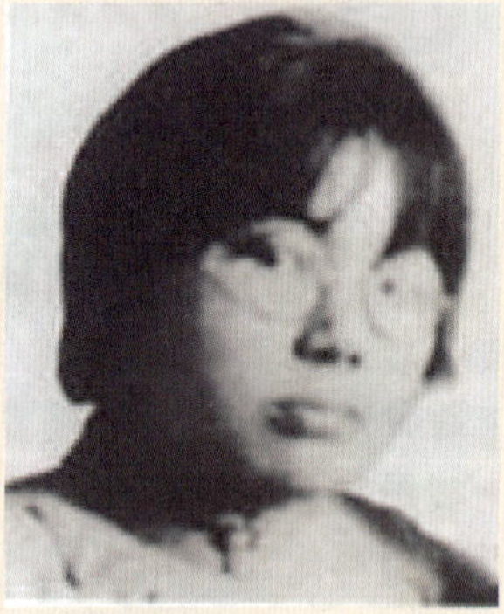

我们现在以十分的哀悼和铭记，纪念我们的战死者，也就是要牢记中国无产阶级革命文学的历史的第一页，是同志的鲜血所记录，永远在显示敌人的卑劣的凶暴和启示我们的不断的斗争。

我沉重的感到我失掉了很好的朋友，中国失掉了很好的青年。

——鲁迅

CHAPTER 4

第四章

『左联』女烈士冯铿

冯铿（1907—1931），潮州枫溪云步村冯厝内人。中华苏维埃第一次代表大会代表，有国际影响的现代革命作家，中国共产党英烈，著名的“左联五烈士”中唯一的女烈士。中共中央全会的决议曾肯定和褒扬了冯铿等二十四烈士的革命精神和英雄气概，《中国共产党历史大事记（1921年7月—2011年6月）》郑重记载了冯铿的英名及其被捕并英勇牺牲事件。

1945年4月20日，中共扩大的六届七中全会《关于若干历史问题的决议》指出，“林育南、李求实、何孟雄等二十几个党的重要干部，他们为党和人民做过很多有益的工作，同群众有很好的联系，并且接着不久就被敌人逮捕，在敌人面前坚强不屈，慷慨就义……所有这些同志的无产阶级英雄气概，乃是永远值得我们纪念的”。这里所指的“二十几个党的重要干部”是包括“左联五烈士”在内的上海龙华二十四烈士。冯铿，就是这“二十几个党的重要干部”之一。她既是著名的上海龙华二十四烈士之一，也是著名的“左联五烈士”之一；既是一位坚强的无产阶级革命战士，也是一位富有才能的革命作家。

1931年1月17日晚，中国共产党设在上海东方旅社和中山旅社等处的秘密联络点被公共租界巡捕和国民党警察破坏，36名共产党员被捕，后被解送到国民党龙华淞沪警备司令部。其中，中华全国总工会执委兼秘书长、中华苏维埃第一次全国代表大会准备会秘书长林育南，中共中央宣传部干部李求实，中共江苏省委候补委员何孟雄，“左联”干部冯铿、胡也频、柔石、殷夫，上海市工会联合会秘书长龙大道，中共南京市委书记恽雨棠，中共机要干部李文，中共上海沪中区委书记蔡博真，共青团江苏省委委员兼上海总工会青工部部长欧阳立安，共青团上海闸北区委书记伍仲文，上海市工会联合会秘书段楠（阿刚），上海市工会联合会沪东办事处主任费达夫，红军第十四军干部汤士伦、汤士佺，中共山东省委组织部部长王青士，中华苏维埃第一次全国代表大会准备会秘书彭砚耕，中共青岛市委负责人罗石冰，中共上海市沪东区委委员贺林隶、华德小学教师刘争，还有两位至今不知姓名的烈士共24人惨遭秘密杀害。他们受尽酷刑，坚贞不屈，高唱着《国际歌》，高呼着“打倒蒋介石”“打倒国民党反动派”“中国共产党万岁”的口号，于同年2月7日晚在龙华英勇就义。为了实现共产主义理想，冯铿等二十四烈士献出了年轻的生命。“左联”在《为纪念被中国当权的政党——国民党屠杀的大批中国作家而发出的呼吁和宣言》中说：“冯铿是中国新诞生的最出色和最有希望的女作家之一。”

誓做傲雪岭上梅

冯铿，原名冯岭梅，又名占春，笔名绿萼。1907年11月15日（农历丁未年十月初十）出生于海阳县城近郊云步村（今潮州市枫溪云步村）。父母、兄姐都是从事教师职业的知识分子。冯铿的祖父是清代小盐官，因为资助一位外地的寒士上京赴考而惹官司，弄得门庭冷落。后来那位寒士金榜题名，任广东巡按，出巡潮州，拜访冯家。于是，冯家又由败落而中兴。冯铿的父亲冯孝赓，母亲卢椿都是官宦之家的子女。母亲曾从学于清代三大藏书家之一、洋务运动代表人物之一丁日昌所办的义学，后来又曾任教于汕头友联中学。

冯铿兄姐的名字都别具深意，如大哥印月、姐姐素秋、二哥瘦菊。冯铿出生在阴历十月，大哥据唐代樊晃的《南中感怀》中“南路蹉跎客未回，常嗟物候暗相催。四时不变江头草，十月先开岭上梅”诗句，给妹妹起了一个颇为文雅的名字：岭梅。家里排行最小的冯铿，自幼受到书香世家的熏陶，酷爱文学。8岁就开始阅读《水浒传》《西游记》《红楼梦》等古典小说，中学时代就创作发表了大量的作品。以后，伴随着丰富多彩的学校生活和波澜壮阔的革命斗争实践，勤敏聪慧、性格倔强的冯铿，文学创作一发而不可收。她在文学的百花园里耕耘不辍，硕果累累。

冯铿的姐姐冯素秋，比她大10岁，颇有才情，善吟诵，工诗文，追求婚姻自主，受到旧礼教的阻挠，冯素秋勇敢抗争，向往婚姻自由，但却在旧道德的压迫下，31岁便因压抑染病亡故。姐姐在临终时对冯铿说："我们做女人的受罪特别深，你要有志些，将来替女人复仇。旧礼教真像猛虎……你要学武松。"冯铿向姐姐表示，她不学武松，她要学秋瑾。姐姐的悲剧以及旧社会中各种压迫妇女的不合理的社会现象，激起她谋求妇女解放、反抗不合理社会制度的斗争意志。

冯铿生得浓眉大眼，貌似男子，又不喜修饰，爱好辩论，是个个性刚强、性格鲜明的人。从小，冯铿就有一股不妥协的精神，对社会上的不平现象深恶痛绝，她自己说过"从不把自己当女人"，誓做傲雪岭上梅。

惊人的政治洞察力

1921年春，冯铿进入了汕头友联中学，这是一所在五四运动中建立的具有战斗传统的学校，当时活跃在学校中的有著名社团"友中月刊社"，冯铿很快成为这个社团的骨干成员。1922年在中学读书时，即开始文学创作。这时她主要写抒情诗和小品文。她从1924年开始创作《深意》，在此后一年多的时间里，她连续在《岭东民国日报》发表百首题为《深意》的抒情诗。这时，虽然题材比较狭窄，但感情炽烈、纯真，通过对大自然、母亲和爱情的歌咏，寄托了对自由、光明、未来的向往。正如冯铿自己在1926年11月写完了100首《深意》小诗之后所记的："虽然它也不适宜于表现雄伟的情绪，但是我的心情很喜欣这类的娇小玲珑的短诗……在这一百首短诗中，就包含着我这年余来的生活的一部：思想变迁的痕迹，也可以隐约看出来。”这反映了冯铿思考社会时矛盾、彷徨的内心世界，表达了她不满现实生活，要求改变社会现状的愿望。

1925年春是冯铿人生道路的一个新的起点，这一年，她升上友联中学高中部。时值国民革命在广东兴起，当时潮汕地区是广东乃至全国国民革命的中心之一。1925年东征军两次东征，矛头直指盘踞在东江、潮汕一带的反动军阀陈炯明。东征军第一次东征潮汕，冯铿被选为岭东学联代表，和同学们组织慰劳小队到近郊农村慰劳驻军。五卅惨案发生后，她立即组织演剧队筹款支援罢工工人。1925年，革命军第二次东征，部队进入汕头的第三天正是十月革命纪念日，汕头军民召开纪念大会，周恩来和加伦将军等几位苏联顾问莅临会场，冯铿参加了这次大会，见到了周恩来和加伦将军，她异常激动。那时，冯铿带领学生演剧队，自己集编、导、演于一身，演出革命戏剧，加上她出色的社会活动、文学创作，所以当时冯铿有了“大作家、女演员、女革命者”的称号。

她当时的作品除了发表在友联中学的《友联期刊》外，还大量发表在《岭东民国日报》副刊，这份报纸是时任东江各属行政委员的周恩来委派李春涛主办的。在风起云涌的年代，冯铿这个年仅十七八岁的高中生，便以笔杆子当作战斗武器对准反动势力。她认为文学可以为革命助威呐喊，可以点燃人民心中的火焰。

在此期间，冯铿发表了《国庆日的纪念》《破坏与建设》《学生高尚的人格》等近10篇以文学为题材反映她对现实社会斗争的思考的文章。文章针对盘踞潮汕和广东其他地区的军阀们争地盘、谋私利而不顾人民死活、连年混战的现实，愤叹这些人没有继承辛亥革命先烈们用头颅和鲜血换来的“一线光明”，“反而自己扰乱起来”，使国家和人民陷入更加贫弱的境地。她剖析国家混乱的原因，是辛亥革命对旧思想、旧势力“甄灭、划除”得不够干净，“那时的伟人、烈士们，误以为把‘大清帝国’改名为‘中华民国’就达到了目的！所以容溥仪依旧安居皇宫，受遗老们的朝拜，因而惹起了复辟的乱子来”。辛亥革命曾经给重压下的人们带来了一丝的希望和瞬间的光明。然而14年过去了，中国依旧黑暗、依旧混乱，人们的希望破灭了，冯铿清醒地意识到，辛亥革命之后，帝国主义和封建主义并没有被彻底打倒。因此，她满腔热情地号召广大青年，要抱着献身的决心和大无畏的精神，不管道路中怎样“布满了荆棘、虎狼”，也要不顾一切地勇敢奋斗，“达到我们理想的伊甸地”。作为一个中学生，冯铿指出了辛亥革命的不彻底性和资产阶级的软弱性和妥协性，对政治的洞察力入木三分，分析透彻深刻，同时又具有鲜明的革命性、战斗性和初生牛犊不怕虎的大无畏精神，是难能可贵的。

“左联”的骨干盟员

许美勋是冯铿父亲的学生，从20世纪20年代开始，就组织潮汕新文学团体火焰社并主编《火焰》周刊，国民革命军东征胜利后任《岭东民国日报》副刊《革命》文艺专栏编辑。冯铿中学时期就在许美勋主编的刊物上发表文艺作品。作品为作者和编辑架起了联系的桥梁。这时，思想前沿、性格泼辣、敢作敢当的中学生冯铿早恋上了许美勋。两人由谈文学、社会、人生进而互相爱慕，可是冯铿父母却要将女儿许配给有钱的人家。冯铿高中即将毕业，考试结束那天晚上，兴高采烈地来到许美勋的住所，一进门便喊道：“从今天起我便可以冲出狭的笼飞出来了！”1926年，冯铿高中毕业后来到了许美勋的家乡潮安县彩塘宏安旗地村，开始了他们的自由生涯。然而不久，他们的生活陷入困境，为了谋生不得不找了个小学教员的工作，

1927年春去潮安县彩塘一所小学当教师，并为农会办夜校识字班。四一二反革命政变后，潮汕的许多革命战士和工农群众惨遭国民党反动派杀害。岭东民国日报社社长李春涛惨遭杀害，冯铿大哥冯印月被通缉，冯铿也被迫流亡。她女扮男装匿居在桑埔山下的新寮村一户农民家里。在流亡中，她接近了农民群众，接触社会，了解民情，逐步懂得民众是革命力量的源泉。1927年9月，南昌起义军到潮汕，给了冯铿很大的鼓舞。1928年春，她和许美勋同往澄海任县立小学教员，冯铿还兼任县立女子学校的部分课程。她同诬蔑和迫害革命青年的国民党澄海县教育局局长展开了斗争，被辞退了教职。不久，她和几位同事在澄海城里陈氏祠堂，自办小学，名叫“东方学校”，又横遭国民党反动派的迫害，学校被解散。在澄海期间，她的作品以小说为主，兼有诗歌、散文和独幕剧。6月，她和许美勋来到庵埠，在朋友陈若水家的书斋“亦园”栖身，从事读书与写作，创作了中篇小说《最后的出路》和独幕剧《胎儿》，揭露了贫富悬殊的社会矛盾，喊出了反抗旧社会、要求妇女解放的呼声，有力地控诉了人压迫人的腐朽制度。

从1927年夏至1928年底，冯铿的作品有诗歌、散文、剧本、小说。这个时期她的作品的思想内容开始向纵深发展，题材也比以前广阔得多，有了较大突破，并开始触及社会矛盾和人物内心世界的冲突。例如，诗歌《晨光辐辏的曙天时光》，赞颂了劳工力量，鼓动斗争，格调高昂。中篇小说《最后的出路》，全篇28章，7万多字，是她一生创作中最长的作品。小说以大革命时期潮汕为背景，描写了出身于封建家庭的女主人公郑若莲的学习、恋爱生活，表现了她的苦闷、沉沦、振作，最后以逃婚出走作为她的出路。作品控诉了社会的一切剥削制度，喊出了“为自己为群众努力奋斗”的妇女解放的呼声。小说结尾描写女主人公坚决摆脱封建羁绊的决心：她“匆促地、和平时不同的毫无装束地向大门外跳出去”。这也正反映了作者自己的坚定决心，要走向新的生活。

1929年元宵节，为寻求更广阔的天地，冯铿与许美勋从汕头乘海轮来到他们向往已久的上海。到上海的第一天，冯铿就去凭吊五卅血案的遗迹。那时，许美勋在南强书局当编辑，与王任叔等合办《白露》月刊。冯铿则进了持志大学（上海外国语学院前身）英语系读书，住在大学宿舍里，完成了速写体小说《无着落的心》，描写女大学生在学校宿舍的见闻和心情。后来冯铿转入复旦大学，不久，因经济拮据而辍学，仍坚持自学英语和日语。

20世纪20年代末到30年代的上海，是全国革命文化的中心。当时，既有我国新文学的旗手鲁迅，又聚集了众多的全国一流作家、艺术家，也有为数甚多的潮籍革命家、文化人，包括杨邨人、洪灵菲、戴平万、杜国庠、唐瑜、郑正秋、蔡楚生、陈波儿、柯柏年、梅益、许涤新，尤其是冯铿到上海后所投靠的洪灵菲、戴平万、杜国庠这三位老乡，都是当时全国提倡和创作革命文学的中坚作家。在潮籍革命文化人的帮助与引导下，冯铿终于找到了努力的方向。她学习马克思主义的文艺理论、唯物主义哲学，阅读苏联的文学作品，还学习英文和日文，以便掌握更多的工具。1929年5月，在杜国庠、柯柏年介绍下，冯铿加入中国共产党。从此，她走上了职业革命家的道路，不畏艰难困苦，终日为革命奔走，投身于当时的各项政治运动，直至最后为中国人民的解放事业、为伟大的共产主义理想而献出了宝贵的生命。

她不仅参加联络工会、张贴标语、印发传单、宣传群众的工作，还先后创作并发表了诗集《春宵》，随笔《一团肉》等，短篇小说《遇合》等。冯铿出现了平生第二个创作的高峰期，从而奠定了她在中国现代文学史上的地位。

1930年3月，中国左翼作家联盟在上海成立。冯铿怀着对崇高理想的追求，对革命文学的热爱，加入“左联”。她是出席“左联”成立大会的40余人和首批50多名盟员之一，并在“左联”工农工作部工作，成为“左联”的骨干盟员。

最早在白区宣传苏区和红军

1930年4月29日下午，“左联”在上海福州路一家旅馆举行全体盟员大会，大会决议之一是委派冯铿、柔石、胡也频为代表，参加全国苏维埃区域代表大会。许美勋在《冯铿（岭梅）评传》中写道：“她（冯铿）与李伟森、柔石、胡也频、殷夫等同志已被选为‘左联’出席将在苏区（瑞金）举行的全国苏维埃代表大会的代表。事实上，从1930年6月份起直至牺牲，冯铿已被派到全国苏维埃中央准备会宣传部工作。”

1930年5月20日，在沪西租界的一幢洋房里，召开了全国苏维埃区域代表大会，各地苏维埃区域的代表约50人参加会议。冯铿作为正式代表出席了这次大会，并在会上代表“左联”致祝词。来自革命根据地的红军、赤卫队的革命战士和工农群众代表的讲话，极其强烈地激荡了作家们的革命情感。在会上，冯铿、柔石、胡也频与苏区代表有了广泛的接触，了解了苏区的生活和斗争，他们的面前呈现了一个崭新的世界，对他们来说是多么新鲜，多么生动！同年6月，党中央为筹备将在瑞金召开的中华苏维埃第一次代表大会，在上海先召集中华苏维埃代表大会准备会议，冯铿被派到全国苏维埃中央准备委员会秘书处工作。冯铿将目光投向“中国那一片在地图上已染成红色”的苏区，以满腔的激情，把听到的内容迅速地用文学形式反映出来，写作《小阿强》和《女同志马英的日记》（即《红的日记》），分别发表于1930年6月《大众文艺》和1930年12月《现代文学》第1卷第4期上。《小阿强》是一篇儿童小说，主人公阿强

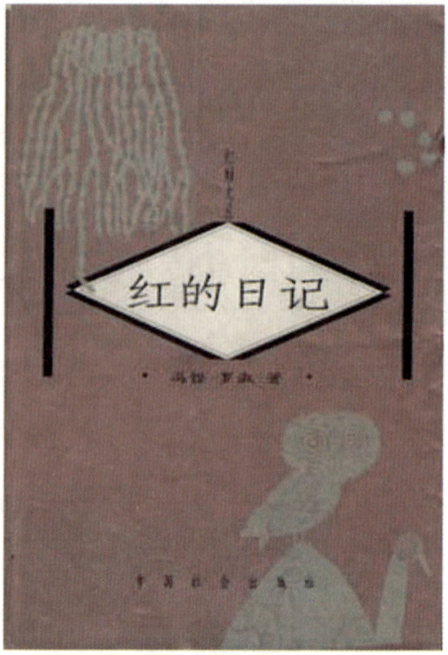

冯铿作品《红的日记》

是一个真实的人物，是冯铿在苏维埃区域代表大会上结识的湖南苏区的一个16岁的少年先锋队队长。他是一个雇农的儿子，很小就给地主看牛，做地主的小奴隶。因此，在他小小的心灵里就种下了仇恨的种子，整天想找机会反抗他们。后来，他找到了红军，冒着生命危险给红军送信，在红军攻打他们村的时候，“他高高地撑起一面血红的旗帜，走在前面引路”。他成了一个真正的小红军。冯铿小说结尾发出号召：“新时代的小弟妹们，你们都愿意做这样的一个小布尔什维克，小斗士吗？”这是一篇相当优秀的儿童文学作品，为中国的儿童文学开创了崭新的道路。《红的日记》是根据马宁（当时化名为马英）等人讲述的苏区红军、赤卫队战斗生活有关材料写成的。作者以第一人称的写法，以马英的六天日记为主线，描写了红军女政工队员马英的火热战斗生活和思想感情，宛如一曲讴歌红军的战斗生活、宣传发动群众的颂歌。主人公马英身上最鲜明的就是她的火一般的革命热情，当她离开学校参加革命后，就把自己一生献给了革命，献给了共产主义事业。作者写道：“我们是铁和火的集团，我们红军的脑袋、眼睛里面只有一件东西：溅着鲜红的热血和一切榨取阶级、统治阶级拼个他死我活！”该作品是国统区最早介绍这支完全新型的人民军队的作品，在中国现代文学史上具有里程碑的意义。

参加“左联”之后，冯铿的创作热情更高了。她利用一切业余时间，夜以继日地进行写作。在她创作的后期，代表性的作品除了上面谈到的《小阿强》和《红的日记》外，还有中篇小说《重新起来！》、短篇小说《贩卖婴儿的妇人》等。《重新起来！》是冯铿的代表作，全书13篇4万多字，是根据她自己早年的革命经历，流徙山村生活的体验和到上海的见闻写成的。作品中主人公随着革命风云变幻，在革命和爱情发生冲突时，义无反顾地离开那思想沉沦的昔日情人，重新投身到伟大的工农群众运动中去。整部作品闪烁着强烈的思想光辉，堪称革命风云的时代画卷，是冯铿的压轴之作。《贩卖婴儿的妇人》也是冯铿的优秀作品。小说描写一个为了生存而挣扎的劳动妇女，饥寒交迫，不得不去给资本家当奶妈。为此，又忍痛将只有两个月的婴儿抱到小菜场去低价出卖，但却被巡警以“贩卖人口”罪名逮捕。小说末尾，作者通过女主人公呼天抢地的控诉：“我把我的儿子救活，你们不肯；一定要我和儿子都饿死，你们才称心吗？”愤怒地诅咒了国民党的黑暗统治，深刻描述了人民的水深火热的生活，无情地揭露了资产阶级人道主义的虚伪。这一作品情节跌宕有致，心理描写细腻真切，文字精练，标志着冯铿的作品思想性、艺术性达到一个新的高度。

冯铿的中篇小说《重新起来！》

革命事业高于一切

在紧张的革命工作中，冯铿与柔石相识了。他们一起从事左翼文化运动，一起参加全国苏维埃区域代表大会。柔石还介绍冯铿与鲁迅相识。《鲁迅日记》1929年12月31日记载：“上午寄还岭梅诗稿。”他们一起拜访鲁迅并向其请教文学创作问题。1930年9月17日，他们在荷兰西餐馆参加了鲁迅50岁寿辰祝寿会。

冯铿非常钦佩柔石的文学才华，柔石也被冯铿火热的情感和坚毅的性格所吸引，更何况冯铿又是不可多得的才女。在冯铿的鼓励下，柔石决心转换作品的内容和形式。1930年9月28日是柔石29岁生日。他情不自禁地给冯铿写信说：“亲爱的梅：今天我非常快乐，真是29年来唯一的日子，是你给我的，是你给我的！……”两人感情与日俱增。柔石真诚地说：“在我，三年来，孤身在上海，我没有恋爱。我是一个青年，我当然需要女友。”但柔石又特别强调，“但我的主旨是这样想，若于事业有帮助，有鼓励，我接受，否则，拒绝！”正是共同的事业，共同的左翼文化运动将冯铿与柔石连在一起。

冯铿与柔石的这种爱情既是鲜活的，又是尴尬的。其时，柔石已有父母包办的结发妻子吴素瑛，冯铿也有同居几载且风雨同舟的男友许美勋。为此，柔石1930年10月20日写信给许美勋坦诚沟通：“一月前，冯君给我一封信，我当时很踌躇了一下；继之，因我们互相多于见面的机会的关系，便互相爱上了。在我似于事业有帮助，但同时却不免有纠纷；这是事实告诉你我，使我难解而有烦恼的。你和冯君有数年的历史，我极忠心地希望人类的爱人，有永久维持的幸福。这或许冯君有所改变，但你却无用苦闷，我知道你爱冯君愈深，你也当愿冯君有幸福愈大；在我，我誓如此：如冯君与你仍能结合，仍有幸福，我定不再见冯君，我是相信理性主义的，我坦白向兄这样说。兄当然不会强迫一个失了爱的爱人，一生跟在身边；我亦决不会夺取有了爱的爱人，满足一时肉欲。这其间，存在着我们三个人的理性的真的爱情，希望兄勿责备冯君。我们的前途是光明的，我们所需要做的是事业。恋爱，这不过是辅助事业的一种次要品。"

许美勋在接到柔石的信后，表现出了难得的开明和豁达大度。他给柔石写了一封长达4000多字的回信，分析了他们之间这段复杂情感的走向，并且申明："我的态度应该让她完全自由，在不妨碍事业的范围内绝对不干涉她的行动。""为什么我可爱她，汝不可爱她呢？为什么汝既可爱她，就不许她再爱别人呢？我们都是自命为先进者，为什么对这当前的问题便不能很好的来处理呢？我们还有更伟大的任务在！希望汝不要为这事作无谓的苦闷，同时希望她也如此，我也如此！我们三个人作好友吧，以后互相过从，作忘私的好友吧！我们不都是同志吗？"

许美勋的理解和理性令柔石、冯铿非常欣慰，毕竟他们都是左翼文坛的同事与好友。特别是他们受着五四新思想的影响，挣脱封建束缚，追求真正意义上的爱情。更难能可贵的是，他们都能将私人情感放在革命斗争的大背景下，将爱情融入革命理想，并形成一种共同理念："你、我、她三人间都要为事业来牺牲各自的个人利益，对于恋爱，应该不太执着。"冯铿在解释这段感情时说："历史的车轮背负了我们生活在这个时代，我们就把它抓住好了。""我们大家都是好兄弟，好朋友，我们互相策勉，我们互相搀扶着走上创造和寻求真理的道路！"1930年10月，冯铿与柔石结伴同游杭州，1931年元旦公开同居。冯铿与柔石同居后并不打算生育。"左联"机关报《前哨》记载道，冯铿"状貌如男子，浓眉巨眼，不喜修饰。平日虽与同志同居，但誓不生育，用各种方法避免怀孕，恐妨革命工作，这到她死为止，是成功了的"。当时这种爱情观、婚姻观、生育观是前沿的、罕见的。

冯铿以“生命诚可贵，爱情价更高。若为自由故，两者皆可抛”为座右铭。柔石对冯铿的爱可谓至死不渝。在狱中，柔石设法打听冯铿的消息，在柔石传递出来的给冯雪峰和王育和的两封信中几次提到冯铿。在给同乡王育和的信中写道：“这里困苦不堪，饥寒交迫，冯妹脸膛青肿，使我每见心酸！希望你们极力为我俩设法。”在死亡逼近的日子里，柔石深爱并关心着冯铿。而许美勋将冯铿“谁后死，谁就代写传记”的话铭记在心，终于将珍藏了近30年的腹稿写成6万余字的《冯铿烈士》，从五卅运动时潮汕的冯岭梅写起，记叙了冯铿热血沸腾的演讲、演戏、写作，她正直、疾恶如仇的个性和沉闷的家庭气氛；记叙作者与冯铿的恋爱同居，共同经历了如火如荼的大革命和大革命失败后的白色恐怖，又同赴“东方莫斯科”上海投身左翼文化运动，直到冯铿牺牲。“所叙都是事实，甚至一个门牌号数，一句话，尤其是涉及的人物，我都保持着百分之百的真实。”冯铿、柔石、许美勋三个“好兄弟”、好朋友，把爱情摆在次要位置，互相策勉，互相搀扶着走上创造和寻求真理的道路！

反对王明“左”倾错误的先驱

众所周知，王明“左”倾冒险主义领导造成了中央苏区第五次反“围剿”的失败，使革命根据地和白区的革命力量都受到极大损失，红军从30万人减到3万人左右，共产党员从30万人减到4万人左右。王明“左”倾冒险主义在党内统治达4年之久，几乎陷中国革命于绝境，直到1935年1月遵义会议才结束了王明“左”倾错误领导。

然而，王明上台刚10天，冯铿以自己的政治洞察力和敏锐性，敢说真话，敢于坚持真理，坚定地、旗帜鲜明地反对王明的“左”倾错误。可以说，冯铿是当时党内的先知先觉者之一，是反对王明“左”

倾错误的先驱者之一。1931年1月7日，中共六届四中全会在上海召开。会上，王明等在共产国际代表米夫的指使下，以“执行国际路线”“反对立三路线”“反对调和主义”为名，提出了一系列比李立三的冒险主义还要“左”的错误观点。在批判“立三路线”的同时，又将矛头指向中共实际负责人瞿秋白、周恩来。在这次会议上，王明取得了中央领导权。

1931年1月17日下午，冯铿参加了中共中央文委在南京路洛阳书店秘密召开的党员大会。与会者以“左联”成员为主，包括冯雪峰、夏衍、钱杏邨、柔石、阳翰笙等40多人。文委书记潘汉年神情严肃地说：“不久前中央召开了六届四中全会，我奉命传达全会的决议。”继之，他拿出一沓油印文件照本宣科。这个决议便是王明的《为中共更加布尔塞维克化而斗争》。听了传达，冯铿立即意识到这次全会不对劲。会后，冯铿激动地对夏衍（沈端先）说：“老沈，对今天的文件很多人有意见。”冯铿坚决反对和抵制王明的错误。阳翰笙批评她说：“中央全会作出了决议，未经组织许可就议论恐怕不好吧。”冯铿对阳翰笙这种态度表示不满。他们不欢而散。

为了应对六届四中全会后的政治局面，抵制王明“左”倾错误，1月17日晚，何孟雄、林育南、李伟森、罗章龙、冯铿、柔石、胡也频、殷夫等，来到英租界最繁忙地段汉口路666号东方旅社312房开会。那里是上海地下党的一个联络点。会议在当天晚上举行，出乎意料的是，当时东方旅社已处于工部局和上海市警察局的联合监视之下。会议开始不久，一个装扮成茶房的警察突然闯入集会的312号房间。继之，早已埋伏于此的工部局巡捕和上海警察局警察持枪冲进房间，冯铿及与会者全遭逮捕。突然搜查行动在天津路上的中山旅社和华德路小学同时进行，行动持续了一整夜，至凌晨共有36名共产党人被捕。这便是震惊全国的“东方旅社事件”。事后始知整个事件系叛徒告密所致。

在龙华警备司令部的强烈要求下，冯铿等从租界被引渡给国民党当局。2月7日夜，在龙华警备司令部的大烟囱下，罪恶的枪声响起，冯铿身中7弹，与其他23位烈士壮烈牺牲。

具有国际影响的作家

冯铿不论作品的数量，还是作品的思想性、革命性、艺术性，在国内外都具有影响力，有的被译为外文，被现代文学界誉为“中国新诞生的最出色和最有希望的女作家之一”。

冯铿的被捕、牺牲引起了国内外文化团体和进步人士的广泛关注。1931 年 1 月 18 日英文报纸《密勒氏评论报》，最早披露冯铿等被捕消息。2 月 7 日，5位作家遇难后，首先是《文艺新闻》以巧妙的斗争方式接连发表文章 ，揭露国民党的残暴。1931 年 3 月 30 日《文艺新闻》第3期发表了冯雪峰署名“蓝布”的《在地狱或人世的作家？》，“恳请”弄清“文艺界一个不幸的消息”：冯铿、柔石、胡也频、殷夫等“皆为中国文坛上活泼有为之青年”，忽于“1月17日同时失踪”。1931 年 4 月 13 日《文艺新闻》第5期发表署名“曙霞”“海辰”的来信，告知与4位作家同时遇难的“还有一位叫李伟森（《动荡中的苏俄农村》的译者），他亦是当今著作界的健将”。他们5人“都是为着左翼文艺运动，他们的作品，都是代社会抱不平的， 都是为多数人谋利益的”。继之，《文艺新闻》又接连发表5人的照片，林莽的《白莽印象记》、萧石的《我在怀念着也频》等文章和有关消息。紧接着，“左联”精心组织秘密出版了《前哨》第1卷第1期《纪念战死者专号》，发表《中国左翼作家联盟为国民党屠杀大批革命作家宣言》《中国左翼作家联盟为国民党屠杀同志致各国革命文学和文化团体及一切为人类进步而工作的著作家思想家书》，以

上海多伦路“左联”会址纪念馆后院的一角，“左联五烈士”冯铿、柔石、胡也频、殷夫、李伟森塑像

及鲁迅《中国无产阶级革命文学和前驱的血》、梅孙（许美勋）《血的教训——悼二月七日的我们的死者》、冯雪峰《我们同志的死和走狗们的卑劣》。专号还刊登被难同志传略和他们的照片，发表冯铿小说《红的日记》和胡也频遗作《同居》。其中《中国左翼作家联盟为国民党屠杀同志致各国革命文学和文化团体及一切为人类进步而工作的著作家思想家书》经鲁迅和史沫特莱商讨后，由茅盾和史沫特莱译成英文，发表于美国《新群众》第7卷第1期，又由日本左翼记者白川次郎译述，载同年10月日本东京四六书院出版的《阿Q正传》一书序言《谈中国左翼文艺战线的现状》。俄国谢曼诺夫根据“左联”寄高尔基的英文译本转译成俄文。

冯铿等“左联”作家的鲜血写下了中国的无产阶级革命文学第一篇文章。在得到冯铿等左翼作家遇害的可靠消

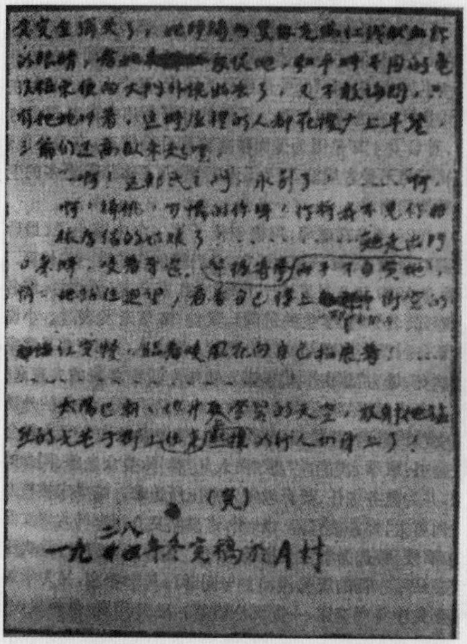
鲁迅收藏冯铿《最后的出路》手稿的一页

息后，鲁迅默默地收藏、精心保存冯铿、柔石、殷夫三位烈士的手稿。其中，收藏了冯铿的《最后的出路》《胎儿》《一团肉》三件手稿（这些珍贵手稿于20世纪50年代由许广平捐赠给国家图书馆收藏）。鲁迅写了那首有名的“忍看朋辈成新鬼，怒向刀丛觅小诗”的悼诗。他署名L.S.，于1931年4月25日在《前哨》中《纪念战死者专号》发表了《中国无产阶级革命文学和前驱的血》。他强烈谴责统治者“一面禁止书报，封闭书店，颁布恶出版法，通缉著作家，一面用最末的手段，将左翼作家逮捕，拘禁，秘密处以死刑，至今并未宣布”。这证明了反动派“是在灭亡中的黑暗的动物”。同时，他高度评价和赞扬冯铿等几个同志的勇气和文学成就，“证实中国无产阶级革命文学阵营的力量，因为如传略所罗列，我们的几个遇害的同志的年龄，勇气，尤其是平日的作品的成绩，已足使全队走狗不敢狂吠。然而我们的这几个同志已被暗杀了，这自然是无产阶级革命文学的若干的损失，我们的很大的悲痛。但无产阶级革命文学却仍然滋长，因为这是属于革命的广大劳苦群众的，大众存在一日，壮大一日，无产阶级革命文学也就滋长一日。我们的同志的血，已经证明了无产阶级革命文学和革命的劳苦大众是在受一样的压迫，一样的残杀，作一样的战斗，有一样的运命，是革命的劳苦大众的文学。”“我们现在以十分的哀悼和铭记，纪念我们的战死者，也就是要牢记中国无产阶级革命文学的历史的第一页，是同志的鲜血所记录，永远在显示敌人的卑劣的凶暴和启示我们的不断的斗争。”

1933年2月7日，鲁迅又写下了著名的《为了忘却的纪念》，在《现代月刊》上发表。在这篇著名杂文中，鲁迅回忆自己与白莽（殷夫）、柔石、冯铿在文学事业与生活上的多次交往和感触，特别记叙了他们被捕后的狱中生活以及遇害的情景，既深情地颂扬了革命青年的革命精神与人品，又有力地控诉了反动派屠杀人民的罪行。同时还抒发了作者怀念烈士、爱憎分明、坚信革命一定胜利的思想感情。文章写道：“我早已想写一点文字，来纪念几个青年的作家。”“两年前的此时，即1931年的2月7日夜或8日晨，是我们的五个青年作家同时遇害的时候。”“忽然得到一个可靠的消息，说柔石和其他23人，已于2月7日夜或8日晨，在龙华警备司令部被枪毙了。”“我沉重的感到我失掉了很好的朋友，中国失掉了很好的青年。”

《为了忘却的纪念》一文中，鲁迅对冯铿所用的笔墨不多，用了“三个疑心”和“她的体质是弱的，也并不美丽”等描述冯铿，貌似对她印象不佳，实则寓意深长。柔石的作品虽然文笔很好，但也有不少弱点，他自己不但感觉到，而且有所反思。冯铿鼓励柔石应把创作的题材、思路、目光、精力转到反映劳动人民和火热的时代上去。而冯铿的作品具有强烈的革命性和反抗性。柔石认为冯铿是自己学习的榜样，她对自己的事业有帮助。正是在冯铿的帮助鼓励下，柔石才转换了作品的题材和形式，进而加入中国共产党。冯铿深刻地影响并改变着柔石。鲁迅曾明确劝柔石不要转换作品的内容和形式：“譬如使惯了刀的，这回要他耍棍，怎么能行呢？”柔石简洁地答道：“只要学起来！”在这个问题上，鲁迅的主张与冯铿的主张恰恰相反，因而对冯铿“很隔膜”“不自觉地迁怒到她身上”。文中，鲁迅自责这是自己有偏见，是自己“偷懒的主张”，并谦逊地自省说，他其实也并不比冯铿这样的“罗曼蒂克，急于事功”，神经过敏而自尊的文学青年高明。“她的体质是弱的，也并不美丽”这一笔，蕴涵了鲁迅对敌人屠杀弱质女子的无比愤慨，对表面懦弱而意志坚强，外表并不美丽而心灵格外美丽的冯铿的无限敬意。

国民党反动派杀害冯铿等“左联”作家的暴行，激起了国内外广大人民的愤怒。当时苏、法、德、美、日等国家的进步作家以“国际革命作家联盟”的名义，发表了《为国民党屠杀中国革命作家宣言》，揭露国民党反动派的罪行，号召全世界的文艺家起来共同抗议国民党反动派对中国左翼作家的迫害。当夏衍把冯铿牺牲的消息告诉史沫特莱时，这位美国著名进步女作家悲愤万分，失声痛哭。史沫特莱在《中国的战歌》中记载了1930年9月17日“左联”在荷兰西餐馆为鲁迅祝寿的情形。她这样说到了冯铿：一个矮胖、短发的年轻妇女接着谈起发展无产阶级文学的必要。她在结束谈话时，吁请鲁迅担当起新成立的中国左翼作家联盟和中国左翼美术家联盟——后来成为中国文化总同盟的两个创始组织的保护者和导师。冯铿的《女同志马英的日记》被译成日文，收入1931年10月日本东京四六书院出版的“左联五烈士”纪念集《阿Q正传》中。该作品不仅在中国现代“从军日记”文学系列中引人注目，日本作家尾崎秀实也对这部作品给以好评。苏联莫斯科大学研究者马特柯夫发表《论中国革命作家——谈殷夫、胡也频、柔石、李伟森和冯铿》，介绍5位作家的生平，解读其代表作品，表示对5位作家深深的敬意：“苏联人民和中国人民一样怀念和尊敬中国的优秀儿女，他们把自己的生命献给了革命的无产阶级文学。”冯铿的名字传遍天下。

斯诺在《我在旧中国十三年》一书中说，在宋庆龄遭遇到的失败中最使她感到悲痛的是1931年中国左翼年轻作家牺牲的事件。被杀害的人中，有一位是有才能的女小说家冯铿。①1979年，夏衍在《人民日报》上谈他为什么写《秋瑾传》时说：“直接激励我拿起笔来写秋瑾的，则是当时我亲自看到的不少为了祖国独立和人类解放而甘心抛头颅流鲜血的革命新女性，举一个例，就是1931年在上海慷慨就义的‘左联五烈士’之一的冯铿。”

1961 年 2 月，为纪念“左联五烈士”牺牲 30 周年，《人民日报》《文汇报》《解放日报》《新民晚报》以及《上海文学》二月号集中发表纪念研究文章15篇。可见，“左联五烈士”的影响力多么巨大。1962 年又分别以中文、俄文和英文出版了三部“左联五烈士”纪念研究论著。冯铿等“左联五烈士”不仅在国内大名鼎鼎，而且具有国际影响！

不朽的龙华烈士

鲁迅在《为了忘却的纪念》中预言：“夜正长，路也正长，我不如忘却，不说的好罢。但我知道，即使不是我，将来总会有记起他们，再说他们的时候的。”长夜难明路漫漫，烈士的鲜血不会白流，革命终将会胜利。历史，雄辩地证明了鲁迅的预言。1949年，烈士为之流血牺牲的神州大地飘扬着五星红旗。

1950年3月27日，中央人民政府内务部部长谢觉哉签发部令，要求上海市人民政府对发生在30年代初的一起中共干部和左翼作家被害案进行调查。部令函称：1931年，欧阳立安等24名烈士于上海东方旅馆等处被捕，后被国民党淞沪警备司令部杀害于司令部内旷场上，

① 斯诺著，夏翠微译：《我在旧中国十三年》，生活·读书·新知三联书店1973年版，第31页。

遗体即被埋葬在旷场上的方塔旁。部令函指示："希你府派员负责调查先烈等坟址，详为勘验，如有坍毁之处，即予以修补，妥为保护为要，并将处理结果详报本部。"据此，陈毅市长和潘汉年、盛丕华两位副市长传阅批示，上海市人民政府组织人员挖掘林育南、李求实、何孟雄、冯铿等24位烈士的遗骸，1950年4月5日，据有关人士指证挖掘后，烈士遗骸出土。从坑中清理出较完整的遗骸18具，另有几具颅骨、肢骨分离，残缺不全。同时，在坑中还捡出1副脚镣、1副手铐、4枚面额一元的银圆、50余枚十文的铜钱。最令人瞩目的是，还发现了一件被确认为冯铿生前爱穿的已腐烂掉一半的手织绒线绿色背心。上海市人民政府为二十四烈士造墓合葬。

冯铿牺牲时布满弹孔的手织绒线绿色背心

1981年，上海烈士陵园将二十四烈士殉难处辟为纪念地，占地4亩，同年竖立"龙华革命烈士就义地"碑。碑的两侧搭建画廊，陈列冯铿等22位烈士图照和生平介绍，供后人瞻仰。此后又兴建了龙华烈士陵园，邓小平题写"龙华烈士陵园"园名，江泽民题写"丹心碧血为人民"碑铭，陈云题写"龙华烈士纪念馆"馆名。冯铿烈士的事迹、绒线绿色背心、眼镜、铜钱、手稿等遗物陈列在龙华烈士纪念馆内。冯铿等"左联五烈士"的塑像耸立在上海多伦路文化名人街上。上海"左联"纪念馆、鲁迅纪念馆通过照片、实物以及各种现代展示手段，形象生动地介绍了“左联”的历史、冯铿等“左联五烈士”生平事迹、文章手稿等。冯铿短暂的生命在中国现代文学史、现代革命史和中国共产党党史上留下了印记。冯铿，不朽的中国共产党英烈！不朽的龙华烈士！

戴平万
（1903—1945）

- 小山村里的《共产党宣言》
- 新思想的洗礼
- 走上革命道路
- 拓荒者的足迹
- “左联”重要领导人
- 参与创建东北抗日联军
- “孤岛”杰出的抗日文艺战士
- 在新四军从事文化教育工作

平万同志在抗日战争已胜利在望，全国解放也势将到来的前夜不幸去世，实在是我们党的一大损失。我们在一起工作的时间虽然很短暂，但是对于他那种工作认真负责，态度平易近人，生活艰苦朴素，处理问题实事求是等优点，却至今犹留有相当深刻的印象。

——刘季平

CHAPTER 5

第五章

『左联』重要领导人

戴平万

戴平万（1903—1945）是中国革命文学的著名作家。他是时任中共中央主要领导人瞿秋白直接领导的第一个文学社团太阳社的主要成员，是我国左翼文学发展史上辉煌耀眼的我们社的创始人之一。他既是“左联”的12名筹备委员会委员之一，又是上海地下党文委领导成员之一，也是最后一任“左联”党团书记。他为推动左翼文化运动的发展壮大做出了重要贡献。日寇占领上海时，他在上海“孤岛”办报刊，宣传抗日救亡思想，不惜用鲜血和热泪灌溉抗战文学，成为党的新闻事业的先驱者之一。

戴平万1924年加入中国共产党。早在大革命时期，他就不畏艰难险阻，冒着生命危险积极从事学生运动、参加省港大罢工的宣传组织工作。第一次国共合作时在国民党中央海外部从事华人华侨工作。此后，他和洪灵菲一起参加彭湃领导的海陆丰土地革命和武装斗争。1931年九一八事变后，戴平万被党派往东北从事抗日救亡活动，任中共满洲省委宣传部部长，与时任中共满洲省委书记兼组织部部长罗登贤、省委女工部部长赵一曼共同领导东北地区的工人运动和反日罢工运动，并共同创建东北抗日联军。他为东北抗日武装的创建和发展做出了重要贡献。戴平万既用笔作武器，“为革命而文学”，又参加和组织领导实际革命斗争，是中国工人运动的先驱者之一，是中国共产党早期的优秀革命家。

小山村里的《共产党宣言》

巍巍凤凰山，钟灵毓秀；绵绵韩江水，源远流长。潮州城北溯韩江而上约20公里处，有一个山间小镇归湖，北靠凤凰山，东临韩江，南望潮汕平原。这里风景秀美，人才辈出。宋代礼部尚书、岭南唯一榜眼，“潮州八贤”之首王大宝的出生地就在潮安归湖。王大宝落叶归根，魂归故里。在王大宝墓（广东省重点文物保护单位）西面约3公里的地方，有个溪口村，因它濒临凤凰溪，也被称为凤凰村，戴平万就出生在这个山村。

修葺一新的戴平万潮安区归湖镇溪口故居

溪口村是我国社会学与人类学实地调查的第一村。100多年前，溪口村发生了我国第一次真正意义上的乡村实地调研，比费孝通江村调查早了18年。1918—1919 年，戴平万的堂兄戴贯乙在沪江大学社会学系读书，利用假期在本村进行社会学与人类学的调查，1923年，戴贯乙带其大学老师来到村里再次调研，他们将调研成果写成经典著作《华南的乡村生活》，产生了深远影响。后来，中山大学周大鸣教授也以溪口村为基地，进行人类学研究，出版了《凤凰村的变迁》，全方位记录和分析了该村人口、经济、政治、教育、婚姻和家庭、宗教信仰等方面的历史变迁。

当年的大学老师便是美国传教士丹尼尔·哈里森·葛学溥教授。他在沪江大学创办了中国高校第一个社会学系，并任系主任。葛学溥同友人史禄国（俄罗斯人类学奠基者，费孝通的老师）到溪口村调研，就借住在戴平万家中。葛学溥在1918年、1919年和1923年乡村实地调查的基础上，1925年出版了《华南的乡村生活》一书。据该书记载，当时马克思主义已经在溪口村传播，村里青年知识分子在看《共产党宣言》、读陈独秀编的《新青年》杂志。可见十月革命给中国送来的马克思列宁主义，也很同步送到了潮安归湖溪口这个偏僻山村。

新思想新文化震撼和唤醒了这里的年轻人。无论是山村里的马克思主义影响了戴平万，还是当时在潮州城里读书的戴平万把这些进步书籍带进山村，都印证了潮州是当时全国最早传播马克思主义的地方之一，潮州城乡的年轻人较早受到了新思想新文化的启蒙教育。这些无疑对戴平万的成长产生了积极的影响。

新思想的洗礼

溪口村有姓戴的、姓林的、姓黄的，还有姓陈的。在姓戴的人家中，有一个世代书香之家。1903年12月18日（农历癸卯年十月三十日），著名的“左联”作家戴平万出生在这个家庭。 戴平万，原名戴均，小名再岳，笔名戴万叶、岳昭、庄错、君博。在溪口，乡亲们叫他的小名再岳，上大学时，才改名为戴平万。

戴平万的曾祖父戴介圃是清朝举人。祖父戴清源（又名漉巾），是潮州有名的“三布衣”之一，著有《归来堂诗稿》，在潮汕一带颇有文名。父亲戴仙俦，又名戴贞素，字祺孙，是清朝末科秀才，工诗词，善书法，又喜爱新文艺，著有《听鹃楼诗草》，一生从事教育工作，与当时进步文学青年有密切的交往。母亲庄参汤，是戴仙俦的老师庄对廷的女儿，为人性情温和，有涵养。她在娘家没有上过学堂，结婚后在戴仙俦的帮助下自修读书识字；年轻时喜读弹词、曲本，也读过《西游记》《水浒》《红楼梦》《今古奇观》等小说，尤其喜爱《红楼梦》，曾反复阅读，评人论事，也常以《红楼梦》中的人物故事作比喻。

戴平万的父亲戴仙俦受到了辛亥革命思想的影响，给儿子和两个女儿分别起名为均（平均）、民（民主）、权（权利）。戴均成了他的学名。1911年，戴平万8岁，进归湖乡溪口村戴氏家族办的凤嗜私塾读书。3年后离开农村，他由母亲带着到潮州城里读书，就读于城南小学。城南小学为当时潮州的第一流学校，教师多是当地有名望的知识分子。戴仙俦曾在该校任国文教员。戴平万家住潮州城岳伯亭总兵巷内的双柑书屋。双柑书屋又名戴氏介圃试馆，是戴清源为纪念戴介圃而置的，原是戴氏家族在潮州城里的书斋之一，后分传给戴仙俦。戴平万到城里读书以后，才改为住家。

1918年，15岁的戴平万从城南小学毕业，同年8月与同学洪灵菲一起考进广东省立潮州中学（金山中学前身）。洪灵菲家在潮安江东农村，他是双柑书屋的常客，有时寒假不回家，就住在双柑书屋。两人都爱好文学，所以经常在一起学习和讨论问题。志趣相同，很快就成为挚友。

戴平万在广东省立潮州中学学习期间，阅览很广，也常写诗填词。他除了喜爱文学和写作外，对中乐也有浓厚的兴趣，拜民间音乐家陈乙星为师，每年暑假都到潮州城铁巷四香小学，学习抓筝和瑶琴。这位音乐老师的为人和精湛的音乐艺术修养，给戴平万留下深刻

戴平万潮州市区的住家：岳伯亭总兵巷12号双柑书屋

的印象。他后来写的短篇小说《三弦》，就是取材于这一时期的生活。这个作品寄托了他对音乐老师的崇敬和怀念之情。

1922年，戴平万以优异成绩在潮州金山中学毕业。据当年《金中月刊》所刊登的“广东省立潮州中学校四年级生学年成绩表”记载，戴平万是毕业班中7个优等生之一，各科成绩总平均分为83.46分，学业成绩和操行均列甲等。世代书香、诗礼传家，加上戴平万自幼好学，聪慧过人，打下了良好的文学根基。

潮州是中国著名侨乡，人们信息灵通、思想开放。无论是戴平万出生的山村，还是潮州城，人民都早觉醒。1921年9月，李春涛在潮州金山中学任职期间，举办讲座，讲解社会主义学说，向学生灌输新思想，传播马克思主义。在潮州金山中学学习期间，在十月革命的影响和五四精神的感召下，戴平万如饥似渴地阅读进步书刊，参加爱国宣传活动，接受新思想的洗礼，同时受到老师李春涛传播的社会主义思想的熏陶，逐渐萌生了对自由平等社会的向往，为他后来走上革命道路奠定了思想基础。

走上革命道路

1922年秋，戴平万与洪灵菲又一起考取国立广东高等师范学校西语系。戴平万进校以后，广泛阅读了中外许多著名的文学作品，醉心于文学研究，尤其喜爱读苏曼殊和雪莱的诗。1923年1月，许美勋在汕头《大岭东日报》发表一篇文章，建议潮汕成立文学团体，得到当地许多文学青年的赞同，戴平万、洪灵菲也寄信表示支持。火焰社成立后，在《大岭东日报》上办了一个《火焰》周刊，戴平万的父亲戴仙俦为刊头题字，每周出版一次，共印行100多期，同国内各地新文学刊物交流。戴平万、洪灵菲经常有新诗和散文寄给《火焰》周刊发表。

进入大学后，他醉心于文学研究，研读了中外的许多文学名著，也注意阅读反映现实生活的新作品。郁达夫的处女作《沉沦》，曾经深深地触动了他的思想，《沉沦》中所表现的小资产阶级知识分子要求变革现实的愿望和苦闷彷徨的情绪，那种有所追求而又找不到出路的悲哀，在他心里引起了强烈的共鸣。经过五四运动，他对旧中国的黑暗现实已经逐步有所认识，但是却又未找到自己的出路，他的精神世界也和《沉沦》的主人公那样，反帝反封建的要求和感伤苦闷的情绪交织在一起，他渴望着冲出旧中国的精神牢笼。

1924年1月，在中国共产党帮助下，国民党第一次全国代表大会在广州召开，孙中山决定改组国民党，确立“联俄、联共、扶助农工”三大政策，广东成了革命的策源地。国共合作的革命统一战线的建立，促进了革命高潮的到来，工农革命运动进一步高涨。21岁的戴平万积极投身于革命学生运动，并在这一年加入中国共产党。这段时间，戴平万和洪灵菲与潮安同乡、中共党员许甦魂（国共合作后任国民党中央候补执行委员、海外部秘书长和中共海外总支部负责人）不断接触。在许甦魂的启发和引导下，他们开始参加革命学生运动，并且在学校内部组织国立广东高等师范学校潮州同学会，出版同学会年刊，宣传民主革命思想。还发起和组织潮州旅穗学生革命同志会，团结在穗的潮州籍学生，投身反帝反封建革命。1925年6月23日，广州工人、学生、市民、军人10万余人举行援助五卅运动的示威游行，当游行队伍路过沙面租界对岸的沙基时，遭到帝国主义的武装镇压。戴平万参加了这次游行，目睹帝国主义制造的沙基惨案，深切感到中国人民要解放，就必须把反帝、反封建的斗争进行到底。

是年11月25日，戴平万从广州绕道上海回潮州和曾先后就读于潮州金山中学、厦门集美中学的张惠君结婚。婚后，张惠君主要从事教育工作，戴平万回到广州。1930年张惠君在上海产一女孩，取名戴珊枝，1932年又在上海产一男孩，取名戴抗。

1926年，戴平万、洪灵菲经许甦魂介绍参加国民党中央委员会海外部工作。这些经历，成为他们后来创作的丰富素材。

1926年8月，戴平万在国立广东高等师范学校毕业。毕业后由海外部派到暹罗陶公府工作。11月，他回潮州筹措出国旅费，在家里住了两天。当时正值革命高潮，潮州城里府巷内青年书店的老板，听说戴平万回来，就请他到街上演说，讲当时的国内外形势，他在演说中热情宣传马克思主义。这样，潮州城里的很多人都知道戴平万信仰共产主义。因而在此后政局变化，蒋介石实行“清党”，国共合作破裂，白色恐怖严重，戴平万就再也不能公开回到潮州城的家里来。

1927年，戴平万由海外部派驻中国国民党暹罗总支部工作。4月12日，蒋介石集团公开叛变革命，在上海发动反革命政变，大肆屠杀中国共产党人和革命工农群众。4月15日，反动派又在广州发动了反革命政变，屠杀中国共产党人和革命群众2100余人。接着，也在海外搜捕和屠杀革命人士。戴平万是中共党员，以个人名义参加国民党的跨党党员，四一二反革命政变后，就被特务盯梢。有一次，他为了摆脱特务的跟踪，躲进曼谷的培英学校。这是一所华侨学校，校长苏领寰是戴仙俦的学生，认识戴平万。当特务来搜查的时候，苏校长掩护戴平万从学校后门逃出，免遭敌人的毒手。脱险后，戴平万过着流亡的生活。

此时，恰好因四一二反革命政变而被迫逃亡到新加坡等地的洪灵菲，也因白色恐怖严重，处境困难，由新加坡转到暹罗，与同样过着流亡生活的戴平万相遇，他们便相约一起乘船经新加坡回上海。回到上海后，他们住在一起，一面参加党组织的地下活动，坚持革命斗争；一面从事文学创作活动，以卖文维持生活。戴平万的短篇小说《在旅馆中》《流氓馆》，就是取材于这次的流亡生活。8月1日，周恩来、贺龙、叶挺、朱德等同志领导了南昌起义，打响了武装反抗国民党反动派的第一枪。9月入闽后进而攻占广东的潮州和汕头。戴平万和洪灵菲听到起义军进入潮汕的消息，十分兴奋，当即由上海乘轮船回潮州。船在途中，传来起义军已撤离潮汕的消息，但人已在船上，只好随船到汕头港。登岸以后，不敢直接回潮州城，先到洪灵菲父亲熟悉的一间药材店里暂避，然后绕道到潮安县江东乡红砂村的洪灵菲家里。几天以后，确认没有被人跟踪，才由洪灵菲的母亲托人到城里通知戴平万的家人。戴平万的母亲接到通知，便扮成朝山进香的老妇人绕道到红砂村洪灵菲的家里，和戴平万相见。因怕引起乡人的注意，她只住了一晚，第二天一大清早便回城去了。戴平万、洪灵菲在乡下匿居了一个月左右，潮汕一带政治动荡局面，变得较为平静。他俩对家人假称要到上海工作，便扮作农民、戴着竹笠，背着市篮离家，其实又从汕头乘船辗转到了海陆丰根据地，继续踏上革命的征途。

戴平万和洪灵菲在海陆丰参加了一个阶段的农民运动，后因农民起义失败，他们只得离开海陆丰经香港来到上海。戴平万在海陆丰革命根据地的时间虽然不长，但是火热的斗争生活却给他提供丰富的创作题材。发表在《海风周报》上的短篇小说《山中》，写的就是农民们在官兵“清乡”时避难山中的情景，通过避难农民在山中的对话，揭露了地主、乡绅勾结官府镇压农民运动的罪恶，歌颂了农民赤卫队敢于斗争的精神，也表现了老一辈农民正在从保守、麻木、安于现状中觉醒。发表在《新流月报》上的短篇小说《母亲》，描写一位心地善良的农村妇女，儿子在白色恐怖下被无辜枪杀了，为了慰藉自己寂寞的心灵，她收养了一个品行不端的流浪儿童阿幸，像亲生儿子一样爱护他。但是不久，阿幸也被反动军队打死。这一切，使这位善良的母亲的心彻底破碎，真实地再现了在白色恐怖下劳动人民的苦难生活。在《新流月报》上发表的另一短篇小说《春泉》，描写白色恐怖猖獗时期农民的生活，作品的主人公是一位年迈的农妇，寻找被官府捉去的儿子的故事。作品一方面揭露了反动派对老百姓的残酷迫害；一方面暗示只有坚持斗争，砸烂旧世界，才能解放千千万万的贫穷农民。这些作品都直接间接地反映了海陆丰一带农民的生活和斗争，许多人物的对话，也是从当地农民的口语中提炼出来的，具有浓郁的生活气息和鲜明的地方色彩。

拓荒者的足迹

上海社科院编写的《上海出版志》记载：“《我们》，1928年5月20日创刊于上海。月刊。32开本。编辑者我们社。主编洪灵菲，发行者晓山书店。同年8月30日出版第3号后停刊。共出版3期。我们社由太阳社主要成员洪灵菲、林伯修（杜国庠）、戴平万等组成。”这一记载表明了戴平万既是太阳社的主要成员，又是我们社的创始人之一。

太阳社是中国共产党直接领导的第一个文学社团。1927年冬，戴平万来到上海，与洪灵菲、杜国庠一道，在潮安老乡杨邨人介绍下，参加了太阳社。戴平万与太阳社发起人蒋光慈、杨邨人、钱杏邨、孟超以及洪灵菲、杜国庠等成为太阳社的主要成员。1927年秋，根据中共中央主要领导人瞿秋白关于创办一份提倡无产阶级革命文学的进步刊物的指示，蒋光慈、杨邨人等即筹建太阳社、创办《太阳月刊》，并成立春野书店。

戴平万是太阳社的主要成员之一。图为太阳社出版的《太阳月刊》

无论是太阳社的组建、《太阳月刊》的创办，还是春野书店的成立，都是请示瞿秋白同意后才行动的。1928年1月1日，《太阳月刊》诞生了。瞿秋白、李立三等出席了太阳社成立大会。太阳社先后编辑出版了《太阳月刊》《时代文艺》《新流月报》《拓荒者》《海风周报》等刊物，以及“太阳小丛书”，在反对国民党当局的文化“围剿”，倡导无产阶级革命文学方面，发挥了积极作用。

我们社则是1928年5月由潮籍共产党员作家创办的无产阶级革命文学社团。洪灵菲、戴平万等潮籍作家在继续参加太阳社的同时，又成立了我们社，出版《我们》月刊，创办晓山书店，构建属于自己的新型革命话语体系。洪灵菲为我们社社长兼主编，戴平万为副主编。在大革命失败的白色恐怖下的极端艰难困苦的岁月里，洪灵菲、戴平万等热血青年在文化战线上向反动文学和汉奸文学发起攻击，适时地创作出了一批革命文学作品。这些作品拥有“时代的价值”。我们社用笔作武器宣传革命，敢于呐喊，唤醒民众，使无产阶级革命从低谷中再度勃兴起来，即“为革命而文学”。《我们》月刊虽然创办不久即遭到国民党当局的查禁，但它在我国左翼文学发展史上辉煌耀眼，有着不可低估的地位和价值。它在现代文学转型的过程中，留下了无产阶级革命文学拓荒者的足迹，对中国现代文学所做出的历史贡献是不可磨灭的。

1928年1—7月，戴平万先后在《太阳月刊》《我们》上发表了6篇短篇小说和2篇译作。在《太阳月刊》上发表的有《小丰》《恐怖》《小叫卖》。在《我们》上发表的有《激怒》《树胶园》《献给伟大的革命》和译作《如飞的奥式》《美国人》。这些作品除《树胶园》是描写华侨工人在南洋橡胶园的苦难生活和不幸遭遇外，其余的都是描写革命斗争生活的。《小丰》取材于1925年6月23日发生在广州的沙基惨案，描写一个铁路工人的儿子、工人夜校的学生小丰，为了抗议帝国主义的罪行，参加广州纪念五卅惨案死难烈士的群众大会和示威游行。作品通过小丰的所见所闻，表现了人民群众反对帝国主义的同仇敌忾精神，揭露了帝国主义开枪屠杀示威群众的滔天罪行，寄托着作者对未来的理想和愿望。作品发表的当时，《太阳月刊》五月号的编后记曾经着重地介绍说："平万的《小丰》是一篇很有力量很有成就的作品，内容充实，结构严密。"《激怒》写的是放牛娃文生，被地主李大宝无理殴打，从而激起了村里农民的义愤，群起反抗地主压迫的故事。《我们》第1期的编后记介绍这篇作品时说，"万叶的《激怒》有了新的描写方法和深入的解剖"，它把"农村的土豪的横暴和农民的不屈的精神很经济地表现出来"。戴平万满腔热情地把人民的觉醒与反抗压迫的革命斗争通过他的作品表现出来。如《献给伟大的革命》描写在白色恐怖弥漫的情况下，女孩侠姑不怕白色恐怖，也不为母亲的慈爱所软化，毅然走上斗争的前线，表现了坚定的意志和革命的勇气，塑造了一个在革命道路上百折不回的女孩子的形象。又如《恐怖》写的是镇压农民运动的反动县长，正在与他的师爷密谋进一步盘剥农民，做着升官发财的美梦时，被坚持武装斗争的农民赤卫队逮住了，给予他们严厉制裁的故事，从一个侧面反映了农民运动虽然被镇压下去，但农民的武装斗争却并没有停止。在文学创作的同时，戴平万还翻译外国进步文学作品。如《如飞的奥式》《美国人》，都是苏联早期的作品，前者揭露了白匪的残酷，歌颂革命人民的伟大灵魂，后者写布尔什维克的军队如何对待和教育俘虏，使他们接受革命思想的影响。1928年，戴平万的第一篇短篇小说集《出路》出版，共收《出路》《三弦》《在旅馆中》《上海之秋》《流氓馆》5个短篇小说。这些作品，题材各异，但矛头都指向旧世界的黑暗现实。

1929年4月，太阳社出版《新流月报》，戴平万是撰稿人之一。他先后在这两个刊物上发表了4篇短篇小说和1篇论文：《山中》《都市之夜》《母亲》《春泉》和《约翰·李特的生平及其著作》。这些作品，多数写的是农村题材，只有《都市之夜》是反映城市生活的。它通过描写一个被遗弃的女人的变态心理和行动，暴露了旧社会都市生活的腐朽和黑暗。论文《约翰·李特的生平及其著作》，主要是介绍和评价美国革命作家约翰·李特为无产阶级的自由和自立而战斗的一生。这一年，戴平万的中篇小说《前夜》和短篇小说集《都市之夜》出版。后者共收入《都市之夜》《烟丝》《疑惑》《小丰》《山中》《激怒》《树胶园》《流浪人》《朱校长》9篇作品。1929年2月出版的《拓荒者》第2期上，发表了钱杏邨的《关于〈都市之夜〉及其他》一文，对戴平万这一时期的创作做了全面的介绍和评价。文中指出，戴平万的短篇“是比较有成就的，像他这样的作家，在最近我们只有少数”，“若果根据社会的条件以及作家的本身的两方面来考察，我敢说戴平万的短篇，在目前，是比较能令我们满意的了”。可见，在“左联”成立之前，戴平万的作品在文坛上已经有了一定的影响。

“左联”重要领导人

广东省第一届优秀社会科学家、暨南大学教授饶芃子是戴平万的外甥女。她在《戴平万研究》的编后记写道：“1980年，我在《文学评论》上读到夏衍纪念‘左联’成立50周年的文章，文中回忆了左翼作家联盟成立前后的情况，从中我了解到舅父不仅是‘左联’作家，还是‘左联’的十二个筹委之一。20世纪80年代初，中国社会科学院文学研究所承担国家社科基金规划项目‘中国现代作家研究资料丛书’，其中的一个子项目是‘戴平万研究’，文学研究所的张大明先生知道我是戴平万的外甥女，来函约我承担这一子项目。他在信中说：‘戴平万是“左联”时期一位有相当影响的作家，不能让他长期

“空白”下去，应该通过搜集、整理有关他的研究资料，为这一时期的文学史补上一笔。’”

戴平万是中国左翼作家联盟的发起人之一。1929年10月中旬的一天，在中共中央文委书记潘汉年主持下，召开了中国左翼作家联盟第一次筹备会议，商讨左联发起人名单与起草“左联”纲领事宜。在这次筹备会议上，最终确定“左联”筹委会成员为12人，分别是创造社郑伯奇、冯乃超、阳翰笙、彭康；太阳社钱杏邨、蒋光慈、洪灵菲、戴平万；其他方面鲁迅、冯雪峰、柔石、夏衍。这是一个平衡各方力量的名单。这12人亦即“左联”发起人，冯雪峰称作“基本构成员”。

1930年2月16日，戴平万出席了对中国现代文学史发展有重要影响的12人集会。他与鲁迅、夏衍、郑伯奇、蒋光慈、冯乃超、冯雪峰、钱杏邨、柔石、阳翰笙、洪灵菲、彭康等参加会议，酝酿、筹备成立中国左翼作家联盟。会议由潘汉年主持。这次会议着重“清算过去”和“确定目前文学运动底任务”，认真总结了革命文学论争发生以后文化界存在的主要问题，即对小团体主义乃至个人主义，未能应用科学的文艺批评，以及不注意真正的敌人。在此期间，筹备小组还商定了召开“左联”成立大会的时间和地点，开会的程序，主席团的组成以及分工、安全保卫等具体方案。这些工作都由潘汉年请示党中央后决定。

“左联”时期的戴平万

1930年3月，“左联”在上海成立。戴平万是“左联”的领导人之一。“左联”是中国共产党领导的文学团体。党在“左联”中设立党团（相当于现在的党组），通过这个核心来领导“左联”的工作。潘汉年任“左联”首任党团书记，戴平万是“左联”最后一任党团书记。据夏衍在《“左联”成立前后》一文中的回忆，戴平万是“左联”筹备小组的成员之一（见《文学评论》1980年第2期）。在同一篇文章里，夏衍还谈到，1930年3月2日，戴平万出席了在上海中华艺术大学召开的“左联”成立大会。此前，戴平万陪同潘汉年等同志视察“左联”成立大会会场。1935年春，阳翰笙被捕，原“左联”党团书记周扬被任命为中共上海中央局文委书记，兼任文化总同盟书记。戴平万接任“左联”党团书记直至“左联”解散。

“左联”成立后，原由蒋光慈主编的《拓荒者》转为“左联”的机关刊物，戴平万是主要撰稿人之一。“左联”成立后不久，文艺界展开了关于文艺大众化问题的讨论。戴平万积极探索和实践文艺大众化问题。他在《拓荒者》上发表《陆阿六》《村中的早晨》《新生》3篇小说。1930年5月，戴平万的短篇小说集《陆阿六》由上海现代书局出版，为《拓荒丛书》之一。戴平万的《陆阿六》《村中的早晨》等小说，被当时评论界誉为“新兴文学的花蕊”，作为“左联”的优秀作品被翻译成日文在日本出版。

这几篇作品都取材于大革命时期的农村生活，表现了组织起来的农民自觉的斗争，充满着革命的激情和反抗的精神，在艺术上也比早期的作品成熟。其中《陆阿六》是“左联”时期影响较大的作品。它的主人公陆阿六是一个出身贫苦的青年农民，在大革命浪潮中，投身于农民运动，站在斗争的前列。大革命失败后，他没有被白色恐怖所吓倒，而是继续坚持斗争，参加了农民武装，逐步成长为一个有明确意识的勇敢的革命战士。作品通过这一新兴农民形象的塑造，表现了普通农民的觉醒和对革命坚定的信心。当时的评论界认为这篇作品反映了“农民运动的另一时代，即农民因觉醒而组织起来了”，认为“作品已经脱离了抽象的革命描写，而以素朴的农家生活构成了土地革命的形象，这样我们才可以从艺术中理解革命，更可理解革命之必然”（冯乃超语）。

《村中的早晨》写农民老魏怀着忧愤的心情，到30里（1里=500米）外的山头村探望离家参加革命的儿子阿荣，当老魏来到山头村时，刚好反动派的侦缉队来袭击，他的儿子阿荣正忙着部署战斗，无暇顾及远道而来的父亲。老魏接触到的武装农民都是纯朴、正直、能吃苦的老实人，他亲眼看到儿子为了贫苦农民不受反动派的蹂躏而操劳的情景，于是逐渐懂得了儿子所从事的革命事业的意义。作品反映了老一代农民思想认识的转变，也表现了阿荣等为了劳动人民的解放，愿意付出一切代价的忘我精神。

《新生》写大革命时期一个建立了工农兵政权的农村，召开祝捷大会和庆祝三八节的故事。作品的主人公阿玉，是一个革命知识分子，回到自己的家乡来做妇女的发动工作。作品涉及了现实斗争中的一些实质性的问题，如土地问题、妇女解放问题等。

1930年8月以后，国民党当局加紧文化“围剿”，白色恐怖日益严重。戴平万按党组织的指示，集中精力开展地下工作，做码头工人和青年学生的宣传发动工作，基本停止写作。1931年九一八事变前，上海反帝大同盟成立，他参加了反帝大同盟的工作，经常外出参加集会，发动和组织工人、青年学生开展抗日救亡运动。1933年4月，戴平万此前翻译的长篇小说《求真者》（辛克莱著）和他编著的《俄罗斯的文学》一书，先后由上海亚东图书馆出版。

参与创建东北抗日联军

1931年秋，戴平万被党派往满洲省委工作，在东北从事工人运动、抗日救亡活动，参与创建东北抗日联军工作。戴平万任中共满洲省委宣传部部长，与时任中共满洲省委书记兼组织部部长罗登贤、省委女工部部长赵一曼共同领导东北地区的工人运动和反日罢工运动，并共同创建东北抗日联军。

罗登贤（1905—1933），广东南海人，中共六届中央政治局候补委员。戴平万和罗登贤同为广东老乡，同是中共早期党员，又同是参与组织省港大罢工的老战友，两人关于在东北地区领导工人反日罢工运动及创立东北抗日联军的观点不谋而合。他们发动群众，创建武装，为东北抗日联军的建立奠定基础，从而揭开了东北地区在全国抗日“最早、最长、最艰苦”的光辉一页。

在罗登贤和戴平万的主导下，满洲省委在东北各地组织抗日义勇军，并把它们组织成统一的抗日联军。满洲省委还以省委书记罗登贤的名义任命杨靖宇、赵尚志、冯仲云、李兆麟等数位共产党员为东北抗日联军各路军的领导人。官兵不分出身，也不分党派，只要愿意抗日，救国救民，就被收编入抗日联军。

罗登贤、戴平万等满洲省委领导不光领导组织抗日义勇军对敌作战，他们自己也和义勇军一起并肩作战，罗登贤在他就义前的驳斥法庭的讲演中，提到他和抗日义勇军并肩作战。“左联”作家周扬、沙汀等人都曾回忆、转述戴平万参与创建东北抗日联军，与抗日战士一起作战的经历和史实。罗登贤于1932年12月由于王明“左”倾冒险主义错误领导离开东北，1933年3月，罗登贤在上海遭国民党逮捕并于同年8月牺牲于南京雨花台。戴平万在罗登贤离职后坚持留在东北继续从事抗日救亡活动。

1934年满洲省委机关遭受了巨大破坏。戴平万在哈尔滨遭日本人的驱逐，返回上海。虽然满洲省委领导机关屡遭敌人的破坏，但东北抗日联军却顽强地存活下来，并且越战越勇。从1931年到1945年14年中，赵尚志、杨靖宇、周保中、赵一曼、李兆麟、冯仲云等抗日将领领导着无数抗日健儿用鲜血和生命为中华民族抗日战争史写下了耀眼的一页。东北地区的工人运动的开展和东北抗日联军的创立，开创了我国抗日斗争的先河。

戴平万到上海后，处境十分困难，先隐匿在柯柏年家里，后寄住在法大马路的广泰纸庄。因一时未能接上组织关系，不能外出活动，便把主要精力放在文学创作上。他以自己在满洲时的经历，写了一些散文和短篇小说：《霜花》《在海上》《万泉河》《“亲爱的先生”》《沈阳之旅》《满洲琐记》《裕兴馆》等，反映东北同胞在敌人铁蹄蹂躏下的痛苦生活，表现广大人民群众发自内心深处的爱国主义精神。不久，组织关系接上了，戴平万出任“左联”党团书记，他又紧张地投入左翼文艺运动和学生救亡运动的工作。

1936年6月7日，中国文艺家协会成立，戴平万是该协会的发起人之一。6月18日，伟大的无产阶级作家高尔基逝世，戴平万在《文学界》出版了《高尔基逝世纪念特辑》，发表短文《我们的唁词》，高度评价“高尔基是国际的，他是‘觉醒的人类之良心的呼声’”。10月19日，鲁迅在上海逝世，戴平万无比悲痛地送别鲁迅。他还在《光明》半月刊上发表《他的精神活着》一文，赞颂鲁迅的战斗精神和他在文学史上不朽的地位，对鲁迅的逝世，表示沉痛的哀悼！

“孤岛”杰出的抗日文艺战士

柯灵在《〈上海“孤岛”文学回忆录〉小引》中说：“‘孤岛’文学是用鲜血和热泪灌溉起来的，它是抗战文学的一枝，却又有自己鲜明的特点。短兵相接、血肉淋漓的斗争，激发起中华民族爱国主义与抗暴精神的高度升华。无论从文学角度看，从历史角度看，这都不是无足重轻的事件。”戴平万在“孤岛”整整战斗了3年，在短兵相接、血肉淋漓的斗争中披荆斩棘，勇往直前。

1937年7月7日，日本帝国主义悍然发动了卢沟桥事变，妄图用武力吞并全中国。上海文化界在原来全国救国会的基础上，组成上海文化界救亡协会（简称“文救”），一些左翼作家分别参加“文救”各个部门的实际工作。据于伶回忆：“戴平万当时被派在组织部工作，办公地方在现在延安西路成都路口。”八一三淞沪战争爆发，各阶层人民纷纷投入抗战洪流，全国抗日救亡运动蓬勃开展。“文救”在这期间做了几件大事，如召开欢迎郭沫若回国和“七君子”出狱大会，筹备纪念鲁迅先生逝世一周年大会，出版《救亡日报》等，戴平万都直接参与这些活动的组织筹备工作。据何家槐回忆：“戴平万曾参加‘文救’，主持欢迎郭沫若回国和‘七君子’出狱大会的组织、筹备工作，也曾为‘文救’办的《救亡日报》组稿。”

1937年10月，上海地下党组织成立中共文化工作委员会（简称“地下党文委”）。书记是孙冶方，副书记是顾准和曹荻秋，地下党文委领导还有戴平万、王任叔、姜椿芳、林淡秋等人。这是党在上海文艺界的领导机构。11月12日，上海失守，除英、美、法租界外，上海被日寇占领。原在上海参加救亡运动的文艺工作者，有的撤退到内地[①]，有的去了抗日根据地，一部分则继续留在受日寇包围的租界——“孤岛”里坚持斗争，戴平万属于后者。据于伶回忆：“上海失守后，戴平万留在‘孤岛’工作，他在上海地下党工作时间长，对文艺界的情况熟悉，作风稳重，从各方面的条件来说，都是很合适在复杂的环境中坚持斗争的。”从1937年11月开始，至1940年11月他到苏北根据地止，戴平万在“孤岛”整整战斗了三年，成为“孤岛”文学战线上站在最前列冲锋陷阵的一员，是“孤岛”时期的杰出文艺战士和共产党新闻事业的先驱者，为抗日救亡运动做出了很大贡献。

① 当时以“孤岛”为站位，一般将国民党统治区为内地，主要指大西南，即四川包括现在的重庆市、云南、广西一带；根据地是指共产党开辟抗日根据地；还有敌占区，即被日寇占领的地方。

上海失守后，地下党在“孤岛”办起的第一个刊物是《上海人报》，据钟望阳回忆：“梅益、林淡秋、戴平万均参加这一报纸的组织和编辑工作。《上海人报》只出了一个短期间就迫停刊了。此后，为了冲破敌伪的文化封锁，党组织巧妙地以英商的名义出版了四开的小型《译报》，刊登外国通讯社有进步意义的新闻和文章。戴平万自始至终参加这一报纸的筹备、组织工作。半年以后，改为出版大张的《每日译报》，除发表翻译的新闻和文章外，还办有文艺副刊。由梅益主编，戴平万不仅参加报纸的筹备和组织工作，并且负责《每日译报》的本埠消息版。这些报刊深受群众欢迎，销路很广，对扩大共产党和八路军、新四军的政治影响起了很好的作用。”

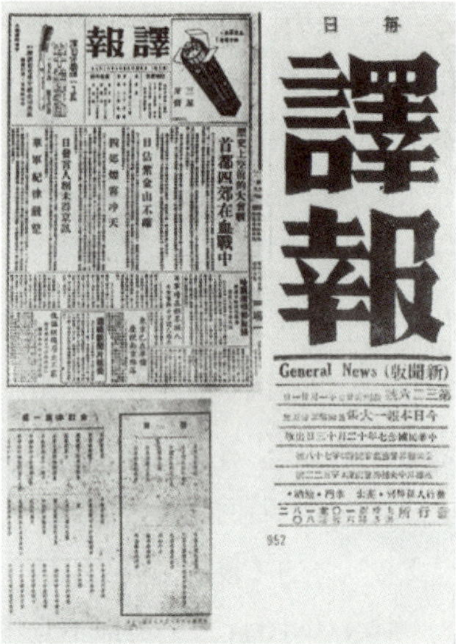
譯報

每日

譯報

General News (新聞報)

戴平万参与创办《译报》《每日译报》，负责编辑《每日译报》本埠消息版

1938年春，上海地下党在学生和青年职工中发起文艺通讯员运动，以培养年轻的文艺爱好者，具体负责这一工作的是钟望阳、王元化，据他们说，戴平万也参与这一运动的组织和发动工作。当时地下党文委为了进一步推动这一群众性文艺活动的开展，决定举行一次全市性的征文，以纪念八一三抗战一周年，征文形式仿效茅盾主编的《中国的一日》，定名为《上海一日》，由梅益担任主编，戴平万、林淡秋、钱坤任编委。编委会按文章内容分为四部分：《火线上》《苦难》《在火山上》《漩涡里》。他们每人负责一部分，戴平万负责第二部分《苦难》的编辑和修改工作。《上海一日》于1938年12月出版。这书的出版，给我们留下了一部描述从1937年8月到1938年8

月，上海军民战斗和生活的有声有色、有血有肉的画卷，同时也促进了文艺通讯员运动的发展。

1938年夏，上海暨南大学的几位进步学生在地下党的支持下，打破了“孤岛”文艺界的沉寂，办起一个文艺刊物《文艺》。戴平万十分关心和支持这个刊物，不仅为这个刊物撰稿，还与《文艺》的编者保持经常的联系，邀请他们参加地下党组织的文艺座谈会。《文艺》第1卷第6期发表了《关于抗战文艺的形式座谈会纪录》，这个座谈会就是戴平万主持的，他在会上先后作了4次发言，并就新形式的创造问题谈了自己精辟的见解。在《文艺》第2卷第3期上还发表了论文《报告文学者应有的认识》，文中对报告文学者提出了“必须和一切的伪善者、说假话者、真理破坏者作斗争”，“报告文学者是为真理而斗争的战士”，他要求报告文学者的写作态度，要具有爱真理的热情，要从一切表面的事件中看出其共通的利害来，要不违背历史发展的方向，要为促进历史的发展而斗争。

在“孤岛”，戴平万还负责地下党办的《新中国文艺丛刊》的编辑工作。《新中国文艺丛刊》于1939年5月出版第1辑，1940年11月第4辑出版以后停刊，一共出了4辑，各辑以不同的名称出现，即《钟》《高尔基与中国》《鲁迅纪念专辑》《鹰》。第1、2、3辑的《编者的话》都是戴平万执笔的。第4辑出版时，戴平万已到苏北根据地工作。这刊物规模较大，内容相当丰富，在“孤岛”和内地文艺界中都有过相当影响。

戴平万一贯重视对文艺青年的引导、教育和培养。在“孤岛”时，无论是编辑《新中国文艺丛刊》还是《文艺新闻》，都十分注意年轻作者的来稿。1939年5月，当《新中国文艺丛刊》第1辑《钟》出版的时候，他就在《编者的话》中写道：“我们希望每期能多登一些新人的作品。” 在《文艺新闻》上，他也经常选登年轻的文艺通讯员的稿件，为了帮助青年学习，他还应邀为他们讲课。1939年5月7日，戴平万应上海自学民众义务补习学校的邀请，在星期日周会中，作题为《自学的方法》的讲演，后由沙水根据听讲时笔记整理成文，刊载于1939年5月12日出版的《文汇报》的《学习周刊》第14期上。在这次讲演中，他要求青年在艰苦的环境里刻苦努力，勤奋求学，以求得非常的学问，来完成非常的事业。在戴平万的引导、教育和培养下，一批优秀的文艺人才脱颖而出，著名学者王元化（1920—2008）就是其中的杰出代表。

王元化在《回忆戴平万》中深情地回忆戴平万对他的关心和提携。图为中国当代学术大家王元化

王元化是当代学术大家，他在《回忆戴平万》一文中，深情地回忆了“孤岛”时期戴平万对他的关心和提携。1939年3月，19岁的王元化编辑出版《抗战文艺论集》，戴平万亲自作序。同年10月，《新中国文艺丛刊》第3辑《鲁迅纪念专辑》出版，戴平万又在《编者的话》中着重指出：“《鲁迅与尼采》的作者，还是一位20岁左右的青年；他以这样的年龄，而能有这么严正的精神来治学，真是可敬。虽然在这篇论文中，对于尼采的个性解放，在某一历史阶段上的革命性，估计尚不充分，多少有点机械的味儿，但对于鲁迅先生思想的分析，却非常的正确。”43年以后，《鲁迅与尼采》的作者王元化先生回忆起这一切，仍有很深刻的记忆。“孤岛”时期，王元化参加了地下党文委的工作。他回忆说：“我所在的文学小组由戴平万、林淡秋分头领导。”“我是吸取地下党文委的精神乳汁长大成人的。文委中那些至今令我难忘的人，对我的思想的形成和人格的培养，曾经发生过巨大的影响。”

1939年秋，一些进步文艺报刊被迫停刊，参加文艺通讯员运动的文艺青年的稿件没有园地发表，地下党决定由戴平万、黄峰（邱韵铎）、蒋锡金三人合编一份偏于报道性质的《文艺新闻》，主要是报道文艺界的消息、作家和艺术家的动态，反映动乱时代的现实生活，尤其是“孤岛”上错综复杂的社会现实。《文艺新闻》于1939年10月1日创刊，一共出了10期。戴平万用“君博”的笔名先后在《文艺新闻》上发表了《买国旗》《说苦衷》《关于“为了生活”》《辨真伪》等随笔和文艺短论，还用“岳昭”的笔名参加影片《高尔基童年》的笔谈会，发表《欢迎〈高尔基童年〉》一文。这些文章多是针对时弊而发的，旨在帮助读者识别什么是真善美，什么是假丑恶，引导人们为正义的事业而斗争。《文艺新闻》作为“孤岛”时期地下党在文艺界的喉舌，它不但是当地的一面镜子，同时也给生活在“孤岛”的人们传播内地和根据地的文艺消息，所发挥的作用是不可低估的。

1939年至1940年，戴平万还为由南洋群岛华侨青年在上海编印的《文艺长城》撰稿。在于伶、林淡秋主编的戏剧界和文学界合办的《戏剧与文学》上，戴平万曾以“岳昭”的笔名在该刊第1卷第1期上发表长篇文章《一年来的上海文艺界》。在文中他回顾了“孤岛”一年来的文艺运动，并做出了正确的评论，提出今后努力的方向，是一篇具有一定历史价值的论著。

在新四军从事文化教育工作

1940年11月，党派戴平万到苏北根据地工作。由根据地的同志来接，经过崇明岛出长江由水路到达根据地。临走前，他把自己的短篇小说集《苦菜》交给上海光明书局，这本书共收入《苦菜》《病》《在风雪中》《哈尔滨的一夜》《过江》《佩佩》6个作品，于1942年2月出版，为“光明文艺丛书”之一。这是他最后的一本短篇小说集。

他先到苏北盐城新四军军部报到，由中共中央华中局派往鲁迅艺术学院华中分院，任文学系教授。1941年4月，苏北文化协会在盐城鲁迅艺术学院华中分院成立，选出第一届理事25人，戴平万为理事之一。5月，华中局调戴平万到苏中区党委宣传部工作，负责主编苏中地区党委的机关报《抗敌报》。

据林淡秋夫人唐康回忆，戴平万是《抗敌报》的主要负责人。他平时说话不多，对工作抓得紧，但待人温和，对内地来的同志很关心，自己在生活上、工作上以身作则，报社的同志都很敬重他。这段时间，日军常来“扫荡”，为了保证出报，报社得经常转移。有一次，报社转移到东台县北边靠海的一个村子里，条件十分艰苦，四处都是芦苇，跟老百姓借了一间屋子，大家挤在一起，有的睡在门板上，有的躺在芦苇堆里，但《抗敌报》还是按时出版。为了避开敌人，每次转移都在晚上行动，而且不能大家一起走，得分散行动。这些戴平万都事先组织安排好，对女同志、年纪较大的、或新从内地来的同志特别安排照顾，所以每次转移都没有出什么事故。有时敌人夜里来“扫荡”，来不及转移，大家就一起藏进芦苇荡里。当时对敌斗争和报社的工作都十分紧张，生活条件很艰苦，为了调节精神生活，在敌情不那么严重的时候，同志们有时在一起开文娱晚会，戴平万还定期组织同志们学习，所以大家相处很好，不但心情舒畅，斗志也十分昂扬。

1943年，由于工作需要，华中局调戴平万到苏中区党校任副校长兼教务主任，主持党校日常工作，并讲授中国革命与中国共产党等理论课程。1944年春，按照延安整风精神，抽调大批干部到党校学习，华中局先后增派钟民、周林、刘季平三位同志到党校担任领导职务，戴平万仍是党校的领导成员之一，分工负责教务工作。他为党、为新四军的宣传文化教育工作做出了重要贡献。

1945年春的一个清晨，戴平万在党校所在地兴化县鹤儿渣村上的水塘里不幸溺水身亡，葬在当地。林淡秋写了“作家戴平万之墓”的墓碑。戴平万去世时年仅42岁。正如刘季平在《回忆戴平万》一文中说的：“平万同志在抗日战争已胜利在望，全国解放也势将到来的前夜不幸去世，实在是我们党的一大损失。”[①]

戴平万短暂的一生，是在血与火的斗争中度过的。他“为革命而文学”，为正义的事业而斗争，为民族解放而战斗的革命家形象，永远铭刻在人们心中。

① 饶芃子、黄仲文：《戴平万研究》，汕头大学出版社2000年版，第63页。

陈波儿
（1910—1951）

- 只身远行求学
- 左翼戏剧界名人
- 耀眼的电影明星
- 出色的社会活动家
- 革命文艺的典范
- 人民电影事业的开创者
- 新中国电影教育奠基人
- 鞠躬尽瘁　风范长存

波儿同志，你的死讯带给我沉重的悲痛。

你是一个优秀的电影艺术工作者。正当新中国的电影事业日益发展，我们正期待你作出更多更大的贡献的时候，亲爱的同志，你突然死去了，这是我们党的、人民的、妇女的一个损失！

——邓颖超

第六章 人民艺术家陈波儿

CHAPTER 6

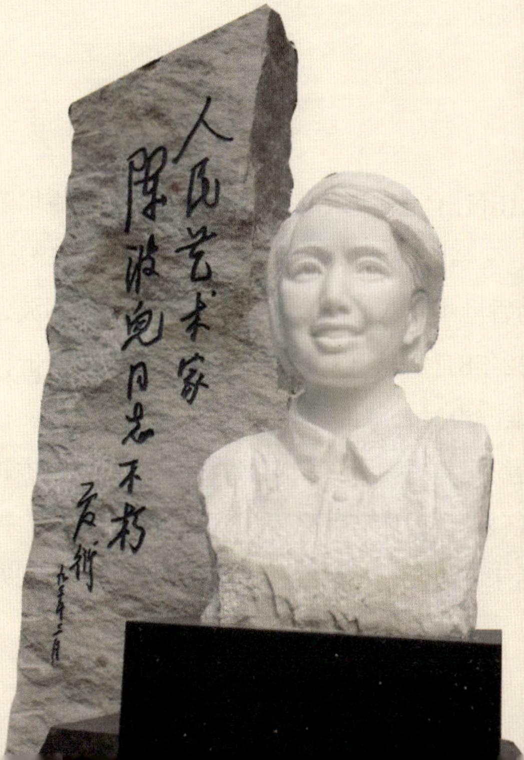

陈波儿（1910—1951）是卓越的人民艺术家、电影教育家，新中国电影事业的创始人和奠基人。她为左翼文艺运动、革命文艺特别是人民电影事业的创建和发展做出了杰出贡献。在著名的延安文艺座谈会和延安整风运动中，陈波儿令人瞩目！1942年5月，陈波儿参加党中央召开的延安文艺座谈会，在与会全体代表的合影中，陈波儿等两位艺术家坐在第一排中央。她们的两旁分别是毛泽东和朱德。

陈波儿也是一位具有献身精神的革命家和社会活动家。她与鲁迅等共同发起成立中国自由运动大同盟；她与宋庆龄等16人发起营救“七君子”斗争；她与史良、沈兹九、胡子婴等发起成立上海妇女界救国会；她发起成立了上海妇女儿童慰劳团，奔赴绥远前线慰问抗日将士。1938年冬，中央决定由陈波儿率战区妇女儿童考察团到华北敌后开展工作，她创造了两渡黄河、6次越过日寇封锁线的奇迹，被誉为抗日巾帼英雄。1949年9月，陈波儿与蔡畅、邓颖超、帅孟奇等15人作为全国妇联正式代表出席第一届中国人民政治协商会议，随后登上天安门城楼参加开国大典。

只身远行求学

陈波儿1910年7月15日出生于广东海阳县（今潮安区）庵埠陈厝街一个华侨商人家庭。父亲陈湘波做干果批发生意，经常往来于南洋，是个知名侨商，为香港潮州八邑商会的发起人之一。陈湘波为人忠厚，乐善好施。1922年8月2日，潮汕遭特大台风和海啸袭击，给潮汕人民带来极大灾难。当时，陈湘波带头捐资，组织救灾。在他的带动下，商界人士纷纷捐款捐物赈灾。陈湘波此举受到爱国侨领陈嘉庚的赏识，并对他说：“今后你有什么事尽管找我，我会尽力帮忙的。”这段交谊，使后来陈波儿小小年纪得以特许报读陈嘉庚创办的集美女子师范学校。陈波儿生母岑氏是广州人。陈湘波有六儿六女，大儿子和大女儿都不幸夭折。陈波儿有4个妹妹、5个兄弟：三妹舜娟、四妹舜贤（参加革命后改名路里）、五妹舜庄、六妹舜琼；二哥述猷，三弟树青、四弟树立、五弟国华（参加革命时曾用名陈戈华）、六弟国祺。

陈波儿的出生，令陈湘波喜出望外，因为长子、长女均不幸夭折，陈波儿出生前只剩下一个儿子陈述猷。陈波儿原名陈舜华、陈佐芬，字棠秋，笔名小岑、幼虹、大乡里小姐、陈小姐等。波儿是她1928年进入上海艺术大学读书时自取的名字，源于“布尔什维克”旧译名“波儿塞维克”的词头，以表示她的革命志向，也表示她对父亲陈湘波的崇敬。由于家境比较殷实，陈波儿自小得到很好的教育。当时她的住家后面有一个池塘，在池塘边办了一间私塾，名曰“水天方书屋”。陈波儿5岁就在这里读书，知道并崇敬韩愈，决心学习韩文公为人民做好事。1917年波儿被父母带到香港，进入香港振华女子学堂读小学。1921年，因祖母病逝奔丧回庵埠老家。她原来就读的“水天方书

潮安庵埠陈厝街陈波儿故居

屋”私塾已经办成新式学堂“转坤女校”，她就在这里读完小学。

在父亲那里，幼时的陈波儿被视为掌上明珠，但她的生母是偏房太太，经常受到祖母和正房的歧视和责骂。不公正的家庭际遇，让陈波儿产生了反叛精神。同时，二哥陈述猷经常给她讲一些带有思想启蒙的故事，促使她向往光明，追求真理。陈述猷跟父亲到过南洋和中国港澳地区，见多识广，受到进步思想的影响。陈述猷常常跟妹妹讲孙中山推翻清朝、讨伐袁世凯的故事，找一些国民革命军女兵的画报给她看。陈波儿喜欢女兵英姿飒爽的样子，就动员街坊学堂中的小姐妹一起剪掉大辫子，当时女孩子剪掉辫子被看作是伤风败俗的事情，家庭不容她，她的大妈更不容她。

14岁的陈波儿挣脱家庭束缚，只身远行，赴厦门集美女子师范学校读书。半年后因病停学返原籍。此后考入南京江苏基督教摩氏中学，不久转学到上海晏摩氏中学读高中。第一次国共合作时期，东征军两次东征来潮州并创办黄埔军校潮州分校，革命运动在潮州蓬勃开展，革命者常在这里活动。1927年四一二反革命政变后，陈波儿从上海回家乡，感受到家乡浓烈的革命气氛。这时她遇到在庵埠一带组织农民运动的彭湃。她把彭湃请到家中，听他讲革命的道理，受其影响，向往革命，懂得了人生的意义，就是要给穷苦百姓办好事。同年秋天，黄埔军校第6期学员、革命青年梅公毅、任泊生也来到庵埠，陈波儿跟他们逐渐熟悉起来，从他们那里学到更多的革命道理。三人相约到上海继续读书。

左翼戏剧界名人

1928年，陈波儿、任泊生、梅公毅先后到上海，同时作为插班生考入上海艺术大学文学系。在上海艺术大学，陈波儿碰到庵埠同乡、远房亲戚杨邨人。这时杨邨人已参与创办太阳社，后来担任“剧联”首任党团书记，曾在中共中央文委工作。杨邨人跟上海艺术大学许多教师熟悉。上海艺术大学是一所革命文艺大学，学校很多教员、教授是革命家、文学家，其中不少人是共产党员。许多青年学生慕名前来求学。在杨邨人帮助下，陈波儿认识了郑伯奇、冯乃超等进步教授，参加了进步学生组织的一些革命活动。这使陈波儿懂得不少革命道理，更加追求进步。陈波儿走上革命道路，就是从上海艺术大学开始的。

不久，上海艺术大学被国民党当局查封了。根据党组织的指示，在艺术大学读书的共产党员、共青团员和进步学生，全部转移到党领导的另一所学校——华南大学（后改名中国公学）。在中国公学，陈波儿攻读政治经济系，还参加了另一个党的外围组织“社会科学研究会”。

1929年10月，陈波儿又毅然加入了中国共产党在上海组织领导的革命团体“中国济难会”。它的主要领导人有恽代英、邓中夏、郭沫若、陈望道等。它的主要活动是对一切因参加爱国运动和革命活动而死难、伤残或入狱者，给予经济上、舆论上和法律上的支持并救济他们的家属。她，迈出了作为社会活动家的第一步。

1929年秋，中国共产党直接领导的革命剧团——上海艺术剧社诞生了。这个剧社最早提出了无产阶级戏剧运动的口号，开展了左翼戏剧活动。陈波儿跟着郑伯奇、冯乃超、钱杏邨、杨邨人、孟超等加入艺术剧社。陈波儿自小受新文化思潮的影响，喜爱新兴文艺形式——话剧。艺术剧社给了她用武之地。陈波儿在公演外国进步名剧《炭坑夫》《梁上君子》《爱与死的角逐》中担任主角，演出非常成功，博得了观众的赞扬。陈波儿成为中国革命戏剧最早的演员之一，迅速成为戏剧界的名人。艺术剧社的活动在社会上产生巨大影响，国民党当局十分害怕，逮捕剧社社员，查封了剧社。剧社被查封了，1930年3月19日，上海各剧团就成立了上海戏剧运动联合会。同年8月1日，该会改组为中国左翼剧团联盟，后改为中国左翼戏剧家联盟。陈波儿一直是其中活跃的一员。

在上海地下党领导人潘汉年的引导下，1930年2月，陈波儿与鲁迅等共同发起成立中国自由运动大同盟，陈望道、郁达夫、田汉、郑伯奇、夏衍、柔石等参与发起。这个团体的宗旨是争取言论、出版、结社、集会自由，反对国民党专制统治。中国自由运动大同盟还发表宣言，出版《自由运动》刊物。由于它的矛头直指国民党专制统治，该团体成立不久即遭到国民党当局的取缔，被迫停止活动。1931年，陈波儿因此被列入国民党特务搜捕的黑名单，她不得不暂时离开上海，转移到香港。

耀眼的电影明星

陈波儿与任泊生在庵埠相识，一起到上海读书，参加革命活动，彼此感情日深。任泊生祖籍广东省东莞，父亲是位越南华侨商人，资产颇丰。这时，陈波儿避居香港，在钥智中学任英语教师。并于1931年4月18日同任泊生结婚。1932年春生子任克。1933年又生次子任干。有两个孩子要照顾，陈波儿想为社会多做点事情就力不从心了，只好在家照顾孩子。任干2岁多因病夭折。在香港，陈波儿住了3年多。她非常怀念上海的斗争生活，感到老是当家庭主妇，一事无成，人生毫无意义。1934年，梅公毅等人在上海创办了一所外国语专科学校，邀请陈波儿到这所学校任教，陈波儿带着任克回潮安老家小住，又重新回到上海，应聘任这所学校的英语教师。学校因宣传革命，不久又被国民党当局关闭了。陈波儿在这所学校待了不到一个月的时间，失业了。她就写一些小品、杂文发表后挣点稿费维持生计。这样，她维持了3个月。

梅公毅建议陈波儿找找在上海艺术大学时的教授郑伯奇从事电影事业。陈波儿也决定发挥自己的专长，以电影为阵地，开展革命工作。作为“左联”常委的郑伯奇，与同是“左联”常委且负责明星公司编剧、顾问等工作的夏衍、钱杏邨商量后，就把陈波儿介绍给明星公司经理周剑云。1934年4月，陈波儿正式加入明星公司，出演电影《青春线》女主角沈兰。电影《青春线》上映后，反响强烈，成了人们议论的热门话题，尤其是对陈波儿的出色表演好评如潮。

与此同时，陈波儿又接受了电通公司的聘请，参与《桃李劫》一片的摄制工作，担任了该片中的女主角黎丽琳。《桃李劫》的编剧袁牧之饰男主角陶建平。主题歌由田汉作词、聂耳作曲。《桃李劫》成了中国第一部有声电影。1934年12月6日，《桃李劫》在上海金城大戏院首映成功。陈波儿、袁牧之的名字家喻户晓，《毕业歌》在青年学生中迅速地流传开来。这时代的强音鼓舞着千百万青年奔赴抗日前线。《桃李劫》的成功，让陈波儿成为银幕上耀眼的明星。

陈波儿聪明好学，多才多艺。她能写一手好文章，能说一口标准的国语和非常流利的英语。她和袁牧之主唱的《毕业歌》不但风靡一时，而且久唱不衰。然而，她为人低调谦逊，革命艺术家的风采令人肃然起敬。当时，女演员兼有作家头衔的寥寥无几，最出色的是陈波儿。陈波儿精明强干，思维敏捷，大学里学的是文学专业和政治经济，听过鲁迅和郑伯奇等进步教授的课，阅读过郭沫若、茅盾、夏衍、阳翰笙、田汉的作品，打下了深厚的文学功底。1934年，是陈波儿大丰收的一年，她不仅成功演了两部电影，而且发表了23篇政论或杂文，总字数约2.2万字。她高举抗日爱国旗帜，以笔当枪，抨击时弊，号召人们抗日救国，争取自由平等。她是一个名副其实的女作家。1936年8月，陈波儿在明星影片公司二厂再度与袁牧之合作，主演了《生死同心》女主角赵玉华，塑造了一个正直、爱国的小资产阶级女青年的鲜明形象，又获好评。同时，还发表了小说和多篇文章，被誉为“女明星作家”。

出色的社会活动家

在中国共产党的推动下，全国抗日救亡运动不断高涨，许多爱国救亡组织纷纷成立。1935年，在宋庆龄、何香凝的支持下，陈波儿与史良、沈兹九、胡子婴4人发起成立上海妇女界救国会。这是全国最早成立的救国会组织之一。陈波儿以知名电影演员的身份，发挥了重要作用。

1936年5月，沈钧儒、邹韬奋、李公朴、章乃器、王造时、史良和沙千里等著名人士在上海发起成立全国各界救国联合会，要求国民党停止内战，释放政治犯，并与中共谈判，建立统一的抗日政权等。对此，国民党竟以“危害民国”的罪名，逮捕了沈钧儒等7位救国会的领导人，这就是轰动一时的“七君子事件”。陈波儿与宋庆龄、何香凝等16人发起救国入狱运动，发表《救国入狱运动宣言》，向全世界庄严表示：“中国人决不是贪生怕死的懦夫，爱国的中国人决不只是沈先生等7个，而有千千万万个。中国人心不死，中国永不会亡。” 宋庆龄、陈波儿等12人于1937年7月5日乘坐上海开往苏州的火车，携带写给国民党苏州高等法院的文件，直赴苏州高等法院请求羁押入狱，与“七君子”一道坐牢，弄得国民党政府无可奈何，十分尴尬。最终，蒋介石通过江苏省高等法院，以“家庭困难”为由，将“七君子”无罪释放。陈波儿在这场斗争中奋不顾身、一往无前、顽强果敢的斗争精神赢得了人们的钦佩。宋庆龄、何香凝赞扬陈波儿热情积极、果敢无私、才艺超群。

1936年11月24日，绥远抗日前线传来了傅作义将军的部队一举攻克日军侵占的百灵庙的喜讯。陈波儿率先发起成立上海妇女儿童慰劳团，赴绥远慰问抗日将士。途中，陈波儿先后会见晋察冀政务委员会委员长、二十九军军长宋哲元，绥远省政府主席傅作义，十三军军长汤恩伯等将领。陈波儿在百灵庙前亲自与著名演员崔嵬合演《放下你的鞭子》，受到前方将士的热烈欢迎。《放下你的鞭子》描写九一八事变以后，一对逃难入关的父女以卖艺为生，女儿饿得晕倒在地，老父用皮鞭抽打，逼她卖唱。观众十分气愤，有人夺下老父手中的鞭子，并加以指责。老父痛说当亡国奴的艰难岁月，全场感动。陈波儿首次把《放下你的鞭子》带到抗日前线，轰动全国，意义非同凡响。此后，全国各地进步文艺工作者纷纷将此剧搬到街头、前线，激发了军民对日本侵略者的仇恨，增强了抗战信心。

20世纪30年代，陈波儿和袁牧之是中国影坛中大放光彩的人物！孙健三长期致力于中国早期珍贵的影史和影像资料的收集整理工作，他对真实还原历史的本来面目做出了贡献。其父孙明经是一代影视大师，更是中国电影广播高等教育的先驱和拓荒者。孙健三曾写道："1949年，当我父亲站在了这对传奇的'电影夫妻'对面时，他向袁牧之局长提出了一个长久以来就在心头的问题：'抗日战起，上海、武汉先后失守，原来在上海的电影人大多去了重庆，为什么您偏偏会奔向延安？'听了父亲的问题，袁牧之没有回答，他十分开朗地笑起来，对陈波儿说：'还是你来回答孙先生吧。'陈波儿一听大笑起来，她回答父亲说：'牧之总是对人讲，是我把他拐到延安的。'这话让父亲大大的不明白，看到父亲一脸不明白的模样，陈波儿对父亲讲：1936年，傅作义绥远抗战，国人为之振奋，我从上海参加慰问团，慰问结束，1937年2月路经北京，听说施乐（即埃德加·斯诺）在燕京大学放映他到陕北拍摄的有关共产党的纪录电影，于是赶过去观看，我在电影里看到苏区一片新气象，于是产生去苏区的想法，但当时并无机会，后来和牧之接触多了，常常和他谈起这个想法，1938年撤到武汉时有机会见到周（恩来）总理，我把这想法和周总理讲了，总理说是个好想法，我又把牧之介绍给总理，就这样，我们先后到了延安……"

百灵庙的慰问演出结束后，陈波儿带领上海妇女儿童慰劳团一行途经北平，应邀观看了刚刚从延安回来的斯诺举行的陕北红军摄影展和电影纪录片。第一次看到介绍革命圣地情况图片、影像的陈波儿，被黄土高坡的活力吸引，“加入中国共产党”“去延安”的愿望从那时起深深扎根在了她的心中。回到上海后，她多次向党组织表达加入中国共产党的愿望。潘汉年告诉她，考虑到陈波儿知名人士的身份，党组织希望她留在党外，更有利于开展工作。

1937年7月7日，卢沟桥事变爆发，日本开始全面侵华。上海的影剧界人士紧急排演了话剧《保卫卢沟桥》。陈波儿、金山、赵丹、金焰、田方、崔嵬、周旋等人都参加了演出。《保卫卢沟桥》在上海蓬莱大戏院的演出场场爆满。这时，日寇对上海发起了进攻。上海的形势已经越来越险恶，于是陈波儿带着5岁的儿子任克，与袁牧之、钱筱璋一行4人离开了上海步行到南京，准备从那里去武汉。1937年8月，在南京，陈波儿根据上海党组织的安排，独自到八路军办事处，找办事处处长李克农和八路军参谋长兼八路军驻南京代表叶剑英，履行入党手续，成为一名中共秘密党员。

随着国民政府迁移到武汉，大批电影文艺界进步人士也陆续转移到武汉。1938年3月，武汉八路军办事处成立党的文艺小组，陈波儿为成员之一，负责联系电影方面的工作。同时，参与慰问伤员。1938年夏，陈波儿在武汉和袁牧之再次合作，主演电影《八百壮士》。该片取材八一三淞沪战役日寇进攻上海，中国军队近800名爱国官兵坚守阵地，抵抗日寇，坚守四行仓库，掩护主力撤退的真实事件。影片先后在菲律宾、缅甸、法国、瑞士等国家和中国香港等地区公映，鼓舞了全国军民抗战信心，向全世界揭露日本帝国主义侵略中国的真相。电影里陈波儿扮演的女童子军杨慧敏渡河送旗那振奋人心的一幕，令人难以忘怀。

在电影《八百壮士》完成后不久，陈波儿接到了党组织的命令，要她经重庆北上延安。1938年11月陈波儿来到延安，参加袁牧之导演的话剧《延安生活三部曲》演出。不久，中央决定组成一个由陈波儿任团长的战区妇女儿童考察团，到华北敌后去开展工作。中共中央组织部副部长李富春找陈波儿谈话，肯定了她作为电影明星和知名人士，为党的统一战线做了许多工作，很有成绩，要求她继续做统一战线的工作，带队到华北敌后考察工作。她们的任务就是考察战区情况，深入调查，宣传群众，播撒抗日种子，了解社情民意，考察建立根据地等。1939年1月，考察团从延安出发，经山西、河北、河南，再回西安，最后到达重庆。考察团历时一年零三个月，跋山涉水，历尽艰辛，两渡黄河，6次跨越日寇封锁线，置个人生死于度外，出色完成任务。她们所到之处，八路军首长都亲自接见，部队官兵都特别注意保护她们的安全。她们在晋察冀军区司令部、一二〇师师部、太行山八路军总部，分别受到聂荣臻司令、贺龙师长、朱德总司令的接见。

1939年，陈波儿与朱德总司令在太行山

1940年2月，完成了考察任务的陈波儿来到重庆，并出现在重庆大大小小各种抗日宣传集会上。她用自己一路考察下来的亲身经历，讲述了日军的野蛮侵略、人民的顽强反抗，广泛宣传八路军在战区及敌后抗敌与生活情况。陈波儿拍摄的战区照片在每一次集会上都吸引人们争相传看。陈波儿和考察团一行人在重庆期间，住在八路军办事处附近的一所房子，这个地点是周恩来亲自安排的。1940年7月7日天还没亮，陈波儿的住所周围一片嘈杂，十几个国民党特务一下子冲进了她们的住处。这一天陈波儿原本是应邀准备参加中国人民抗日战争纪念大会的。陈波儿的名气大，宣传的影响深，特务借口抓汉奸，要把陈波儿带回去审问。这一刻，陈波儿做好了在重庆化龙桥牺牲的准备。八路军办事处主任钱之光得知此事，马上报告周恩来，自己则急忙赶到陈波儿的住处同特务们抗争。就在双方僵持不下的时候，周恩来和邓颖超来了，问特务们要干什么。特务说：我们是来抓陈波儿的，她们是汉奸。周恩来说：她们是我请来的客人，她们是抗日的，你怎么能说是汉奸呢？特务们一看身着中将军服的大人物来了，只好灰溜溜走了。这样，陈波儿躲过了一劫。

革命文艺的典范

陈波儿虽然脱险了，但这件事说明陈波儿的安全受到威胁。为此，周恩来指示，考察团尽快撤离重庆，返回延安。1940年8月考察团启程返延安。到延安之后，陈波儿到中央马列学院学习。为庆祝十月革命23周年，中央马列学院决定排演一出话剧《马门教授》，这是德国一部以反法西斯斗争为主题的名剧。兼任中央马列学院院长的张闻天对此非常重视，指示要排好演好这出戏。学院把这个任务交给陈波儿。

陈波儿第一次担任话剧导演，她在中央马列学院学员中精心挑选演员，认真组织和指导排练，搞好舞台设计，花费了大量心血。1940年11月20日，这出话剧在延安演出了。陈波儿第一次导演的外国名剧获得巨大成功，显示了她高超的导演才能。1941年夏，陈波儿又应邀为延安文化俱乐部业余剧团导演了《新木马计》。1942年，陈波儿调入中央党校。中央党校三部又排演了《俄罗斯人》，仍由陈波儿导演。她一次次出色完成导演任务。

陈波儿是上海和全国的电影明星，在延安从事文艺工作又取得了重大成就。1942年5月，陈波儿参加延安文艺座谈会，聆听毛泽东的讲话并与其一起合影。合影照上，陈波儿和张悟真坐在第一排中间，她们的两旁分别是毛泽东和朱德。这既充分体现了毛泽东、朱德尊重人才、礼贤下士的宽阔胸怀，也表明了陈波儿在延安文艺界的地位。

为贯彻延安文艺座谈会精神，反映中国共产党领导下的抗日军民的斗争生活，陈波儿与姚仲明合编，并由陈波儿担任主要导演，推出了多幕话剧《同志，你走错了路！》。中央党校校长彭真多次与陈波儿、姚仲明一起研究剧本，提炼主题。抗日军政大学副校长罗瑞卿、八路军太岳纵队司令员陈赓也对陈波儿的导演工作给予大力的支持和鼓励。该剧根据山东纵队的真实故事改编而成，描写八路军某部联络部部长对国民党顽固派只讲联合不讲斗争，给革命事业造成严重危害。多数八路军干部、战士予以抵制，与联络部部长展开斗争，在危急的关头挽救了党的事业，同时也挽救了联络部部长的生命。陈波儿

陈波儿与姚仲明合编，并由陈波儿担任主要导演的多幕话剧《同志，你走错了路！》剧本

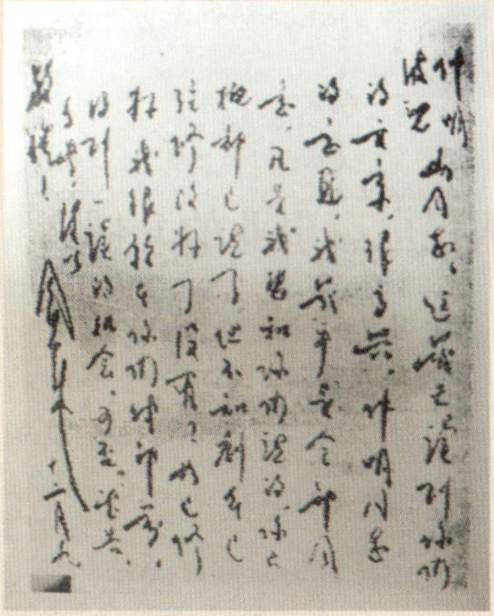

1944年12月9日，周恩来就《同志，你走错了路！》剧本的修改问题给陈波儿、姚仲明的亲笔信

在编导的过程中充分走群众路线，大胆改革，精益求精。当时在延安中央党校学习的东北将领吕正操主动请缨，出演剧中国民党参谋长角色，由于他有过战斗经历，表演时惟妙惟肖，为该剧增色不少。该剧演出后轰动整个陕甘宁边区。周恩来、陈云、彭真都亲自观看演出，并给予陈波儿不少鼓励。该剧的演出，对全党同志认清王明在统一战线问题上“一切联合，否认斗争”的错误路线的危害，起了很大的作用。剧本被中央列为延安整风辅助教材。

为此，周恩来给姚仲明、陈波儿写了亲笔信，肯定他们这一成功之作，并希望他们精益求精。同时，约请姚、陈带着剧本到周恩来住所杨家岭窑洞座谈。周恩来关心抱病工作的陈波儿，赞扬她这个作品上了一个新台阶，艺术上提高了一大步，工农兵化了，脱胎换骨了，对她的成就表示祝贺。周恩来鼓励她说：“希望再接再厉，导演出更多的好戏来。”《同志，你走错了路！》从延安解放出版社发行的版本，到新中国成立后在北京、香港等地陆续出版的版本，一共出了十几个版本，还出版了英文和法文版。由于陈波儿在文艺上为革命做出了巨大贡献，1944年11月和1945年初，陈波儿先后被评为陕甘宁边区甲等文教英雄、马列学院模范工作者、中央党校模范党员。

人民电影事业的开创者

抗战胜利后，陈波儿向中央建议成立延安电影制片厂。1945年冬，中共中央宣传部部长陆定一亲自同陈波儿谈话，告诉她，中央同意她的建议。新成立的延安电影制片厂隶属中共中央西北局领导，并成立以习仲勋为首的董事会。党的第一个电影厂——延安电影制片厂，就是在她的奔波与呼吁之下建立的。其开山作《边区劳动英雄》，她是编剧，也是制片人。当时中央领导同志获悉创作这部作品，都给予热忱的支持和充分的肯定。该部作品成为解放区第一个电影剧本，陈波儿成为我国第一个电影女编剧而载入史册。陈波儿还筹划组织了《保卫延安》等文献纪录片的拍摄，拍摄了党中央、毛泽东转战陕北，指挥全国解放战争的镜头，成为珍贵的历史资料。

1946年8月中旬，陈波儿奉命来到东北兴山市（今黑龙江省鹤岗市），参加东北电影制片厂（长春电影制片厂前身）组建工作，开辟电影红都。该厂是中国共产党组建的第一个正式电影制片厂。袁牧之任厂长，陈波儿任厂党总支首任书记兼艺术处处长。在东北电影制片厂，她与袁牧之一起，团结来自前线、解放区和国统区的艺术家，组织、策划、拍摄出《民主东北》《桥》等人民电影的第一批影片，开创了中国电影的红色经典时代。由陈波儿具体组织领导拍摄的大型系列纪录片《民主东北》，是我国电影新闻纪录片的划时代之作，不仅是中国电影史上极为难得的精品，而且在世界电影史上也是空前的创举。从1947年5月到1949年7月，东北电影制片厂共拍摄了30多万英尺（1英尺=0.3048米）的新闻素材，剪辑成17辑影片。《民主东北》真实地记录了《四下江南》《东满前线》《收复四平》《解放东北的最后战役》《毛主席阅兵》的真实场面，记录了辽沈战役、平津战役的一些实况。这些充分显示陈波儿的远见卓识和非凡的组织领导能力。毛泽东、朱德、周恩来等中央领导同志观看《民主东北》后，一致肯定影片很成功。

1947年11月，陈波儿编导了我国第一部以讽刺南京政府为主题的木偶片《皇帝梦》。在陈波儿和袁牧之领导下，东北电影制片厂摄制了人民电影第一部动画片《瓮中捉鳖》，第一部科教片《预防鼠疫》，译制了第一部苏联故事片《普通一兵》，制作了第一部故事片《桥》。这个时期，在陈波儿的领导下，完成了《桥》《回到自己队伍来》《中华女儿》《白衣战士》《光芒万丈》《无形的战线》《内蒙春光》《赵一曼》等剧本，后来都拍摄成有相当质量和影响力的故事片。东北电影制片厂被誉为“人民电影的摇篮”，为全国电影事业的发展培养了大批人才。

1949年3月，陈波儿当选为全国妇联执行委员。同年7月，她当选为全国文联委员和中国电影工作协会常务委员。1949年9月，陈波儿与蔡畅、邓颖超、帅孟奇等15人作为全国妇联正式代表出席第一届中国人民政治协商会议，随后登上天安门城楼参加开国大典。

1949年10月1日，庆祝中华人民共和国中央人民政府成立典礼在天安门广场隆重举行。30万军民参加这一旷世盛典。在庆祝中华人民共和国成立70周年前夕，俄罗斯联邦档案部门提供了开国大典12分钟彩色纪录片。该片再现了中国历史上最让人激动和难忘的时刻。在这个视频的10分26秒处，就出现了陈波儿在天安门城楼上参加开国大典的身影。

会后，陈波儿正式到电影局报到，任中央电影局艺术委员会副主任兼艺术处处长。在她的组织领导下，仅一年中国即拍成了《白毛女》《赵一曼》《钢铁战士》《翠岗红旗》等26部故事片和一批新闻纪录片，显示了新中国革命文艺的旺盛生命力，奠定了人民电影事业的坚实基础，为中国电影赢得了国际声誉。陈波儿为建立和发展人民

陈波儿（左一）在天安门城楼上参加开国大典。图为开国大典12分钟原始彩色纪录片截图

电影事业披荆斩棘，忘我工作，做出了卓越的贡献。

1950年，我国第一次参加捷克卡罗维发利国际电影节，讨论参赛影片时，有的权威人士反对《中华女儿》参赛，理由是“这不是艺术片”。激辩中，陈波儿指出，人民电影是穿开裆裤的时候，虽然还不尽如人意，可这毕竟是拓荒之果。她说：“《中华女儿》讲的是抗联战士‘八女投江’的悲壮故事，再现中国人民气壮山河的抗日决心和视死如归的民族气节，这难道不真实、不感人吗？”最后她愤而说道：“如果像《中华女儿》这样的影片都不准参赛，我们何以向党和人民交代，那我这个艺术处长就只好辞职！”在陈波儿的力主之下，影片得以参赛并获奖。卡罗维发利国际电影节（Karlovy Vary International Film Festival）创办于1946年，每年7月在捷克卡罗维发利举办，是世界上历史最悠久的电影节之一，是国际电影联合会确定的五大国际电影节之一，也是中东欧地区唯一的国际A类电影节。电影节的主要目的是为和平、为人类幸福、为各国自由而斗争，同不道德的影片作斗争。在1950年第五届卡罗维发利国际电影节上，《中华女儿》大获好评，荣膺电影节“自由斗争奖”。此乃新中国电影在国际影坛摘得的第一顶桂冠。

新中国电影教育奠基人

陈波儿担任艺术处处长后，既高度重视眼前摄制、制作高质量的革命影片，更谋划着新中国电影事业的未来和长远发展。上任伊始，她就一直思考着如何培养电影艺术人才的问题，并向中央建议办一所电影学校。在陈波儿的领导下，谢铁骊、巴鸿、王赓尧等经过筹划，并经文化部、中宣部和周恩来总理同意，于1950年6月创建了中央文化部电影局表演艺术研究所，简称表演艺术研究所（北京电影学院前身）。并于7月初在北京、南京、上海等地开始招生。1950年9月14日，第一个大专三年制的演员班38名学生举行了隆重的开学典礼。

陈波儿兼任表演艺术研究所所长。在当时一无资料、二无经验、三无借鉴的情况下，陈波儿思路清晰，办学目标明确，工作严谨。从表演艺术研究所筹备组的建立，制定教学方针和教学计划，思想政治工作，招生，配备干部，聘任教师，聘请大批专家学者来所授课……陈波儿都认真负起领导责任，悉心指导乃至亲力自为。从而形成一支强有力的教学管理队伍，建立了教学、行政、思想、生活管理一整套制度。虽是初创阶段，但实施过程都有条不紊。著名导演谢铁骊回忆说，那时，陈波儿正是在繁忙的工作中，带着严重的病痛，领导着我们创办表演艺术研究所的，而且还尽可能地到研究所和同学们见面、讲课、巡考场。她在心脏病十分严重的情况下，还亲自为学生讲课。有一次她在讲课之前，嘱咐巴鸿待在窗下，当她冲他举手时，就把窗子打开，果然，讲课不久她就举起了手，巴鸿立即打开了窗子，让新鲜空气进来，使她的心脏舒服些。这真是令人终生难忘而又催人泪下的一课啊！陈波儿的敬业精神和奉献精神可见一斑。

北京电影学院乃至中国电影界的老一辈电影人一致公认陈波儿是北京电影学院的创始人，电影教育的一代宗师，伟大的电影教育家，新中国电影教育的奠基人。

1990年2月，谢铁骊说：“当我们回忆北京电影学院的最初历程时，波儿同志的形象，随着我们的笔触，不时出现在面前，已经40年了，但对她的思念反而越来越深了。那时她患有严重的心脏病，却一刻也不离开繁重艰辛的领导工作岗位。”

1994年6月，“左联”作家、中国当代著名作家、文艺评论家，文化部电影局原局长、文化部原副部长陈荒煤提出：“应该拍摄一部陈波儿的传记故事片，让波儿同志这位世界上绝无仅有的‘明星’，可尊敬、可爱的光辉形象闪耀在世界银幕上。”

2011年11月8日，时值陈波儿逝世60周年，北京电影学院领导和师生代表，前往八宝山革命公墓集会，祭奠北京电影学院创建人、人民电影教育事业的奠基人陈波儿。师生们怀着十分崇敬的心情，追忆她的动人事迹，深切缅怀她为中国电影教育事业所做的巨大贡献，学习她的崇高品德和伟大精神。北京电影学院党委书记侯光明所致，祭文曰：

缅我学府，波儿肇始。六十甲子，雄居东方。
声震天下，木本水源。唯我波儿，精神永光。
波儿仙逝，年仅不惑。终生耕耘，一生奔忙。
所为电影，热情满腔。血火洗礼，电影之光。

七岁求学，游学沪港。肄业复旦，东赴扶桑。
马列文艺，熏染日强。左翼电影，匕首投枪。
《青春线》上，影海拾荒。《桃李劫》下，追寻阳光。
《生死同心》，美名传扬。《八百壮士》，涅槃凤凰。

抗战军兴，危时入党。救亡演出，艰苦备尝。
中经武汉，又至延安。东渡黄河，千里转场。
一年三月，终至重庆。敌前敌后，蹈厉发扬。
党的主张，披被四方。波儿同志，文艺干将。

重返延安，重担又扛。抱病工作，一心向党。
旋调渝宁，即上北平。坚持创作，播撒火光。
出关东北，开天辟地。二十六部，部部辉煌。
人民电影，亲手所创。经此伟业，功德无量。

一九五〇，再赴战场。滋兰树蕙，立学启庠。
莘莘学子，济济堂堂。英彦蔚起，奕业垂光。
无奈不测，急病不起。天胡不吊，夺我神女。
波儿之德，泽被后昆。躯壳虽隳，万古流芳。
……

北京电影学院的祭文，高度概括了陈波儿为革命、为电影教育、电影事业光辉战斗的一生。陈波儿开创了中国电影事业几个第一：她主演中国第一部有声的电影《桃李劫》；她是中国第一位电影女编剧、女导演；她创办中国第一个人民电影制片厂；她是中国木偶片和动画片的开创者；她编导了中国第一部电影新闻纪录片《民主东北》；她创建新中国第一所电影学院；她为新中国电影赢得第一枚国际奖牌。

鞠躬尽瘁　风范长存

1951年11月，陈波儿到广州协调珠江电影制片厂建设的有关事宜，顺便回老家接阔别十七八载的母亲一同赴京。途经上海，在火车上，她对妈妈说："从今以后，我不离开你。" 11月9日晚，陈波儿在上海与专家会谈时突然心脏病发作，经抢救无效，11月10日零时30分在上海同济医院逝世。那一年，她只有41岁。

根据电影局和袁牧之的意见，将陈波儿的灵柩运往北京。11月13日，在首都电影院举行了陈波儿追悼会。周恩来、邓颖超等送了花圈。中华全国文学艺术界联合会副主席田汉主祭，丁玲、袁牧之陪祭。田汉、黄钢宣读了中共中央宣传部、中央人民政府文化部、军委总政治部、中华全国民主妇女联合会、中华全国文学艺术界联合会祭文，称：陈波儿是“中国共产党的优秀党员”，“有着卓越才能的电影艺术家”，“站在民族解放运动和妇女解放运动的前列，奋斗一生”，“很好地运用了艺术的武器，为当时反帝、反封建的革命任务而奋斗”，“冒着困难和危险，到抗日战争前线”，“奋不顾身地为党为人民工作”……中宣部副部长胡乔木、文化部副部长周扬都在会上讲了话。全国妇联副主席邓颖超宣读《悼念陈波儿同志》的悼词。悼词说，“波儿同志，你的死讯带给我沉重的悲痛。你是一个优秀的电影艺术工作者。正当新中国的电影事业日益发展，我们正期待你作出更多更大的贡献的时候，亲爱的同志，你突然死去了，这是我们党的、人民的、妇女的一个损失！……你的音容笑貌时刻萦绕在我的脑际……”

上海、长春、沈阳、武汉、重庆和西安等地，各电影制片厂和发行部门、各有关文化部门、文艺界、戏剧界、电影界，都分别举行了隆重的追悼会。

长期以来，为了革命，陈波儿东奔西忙，废寝忘食，忘我工作，费尽心力，终于积劳成疾。早在1943年，陈波儿导演话剧《同志，你走错了路》时就已经发现了心脏病，并且两次晕倒在排练场。1949年初，她把自己的真实病情告诉了老朋友梅公毅，称“我将不久于人世了！”1950年筹建表演艺术研究所时，她的身体更加糟糕了。然而，她一直抱病工作，与死神争时间，自加压力，顽强拼搏。

为了革命，陈波儿与丈夫任泊生离多聚少，长期两地分居。1938年底，陈波儿和任泊生一个北上到延安，一个南下到新四军工作，皖南事变发生后两人就断了音讯。1945年冬，在筹建延安电影制片厂过程中，陈波儿到重庆、上海购置摄影器材。在重庆，她得知任泊生已与他人结婚了。陈波儿非常痛苦。在朋友的撮合下，1947年夏，陈波儿与袁牧之结婚，在哈尔滨举行了婚礼。

为了革命，陈波儿没有功夫照料自己唯一的儿子任克，常让孩子一个人在家玩耍。1938年，有一次，6岁的任克独自到重庆郊外，不小心掉进鱼塘里，差一点淹死，幸被老乡救了起来。她对母亲说，她是个不孝的女儿。陈波儿本想将母亲接到北京，共享天伦之乐，可是她自己却带着遗憾走了。陈波儿逝世的消息，一直瞒着她老人家。周恩来和邓颖超代表着党也代表着他们自己，无微不至关心、照料陈波儿的母亲和儿子。任克曾写了文章《敬爱的周总理关怀我们后代》，深切怀念周总理和邓妈妈。

陈波儿不为名，不为利，敬业奉献。1950年，为配合“镇压反革命运动”，毛泽东交办拍一部电影，揭露反动会道门“一贯道”的罪恶，让人民群众擦亮眼睛。一贯道是帝国主义与国民党反动派掌握和利用的工具，是欺骗与陷害落后群众的封建迷信组织。周总理向陈波儿传达毛主席指示。编剧的任务落在著名作家、女编剧颜一烟的身上。颜一烟感到完成任务有困难。陈波儿便奋不顾身，身体力行，尽心竭力帮助颜一烟编写剧本，带病陪颜一烟参观一贯道罪行展览，陪她到公安部门采访相关人员，旁听提审案犯，掌握素材，与颜一烟一同研究资料，一起研究提纲，商议人物，谋篇布局，共同完成了剧本《一贯害人道》。可最后，她执意不肯署自己的名字。颜一烟坚决不答应，无奈之下，陈波儿署了个“夏幼虹”的名字，但稿费分文不要。颜一烟只好将稿酬悉数捐献给了国家。许多编剧、导演和演员都和颜一烟有相同的经历和体会。陈波儿的革命精神和高尚人格令人钦佩。陈波儿为党为人民鞠躬尽瘁，风范长存！

为纪念人民艺术家、新中国电影事业的创始人和奠基人陈波儿，广播电影电视部、中国电影家协会、中共潮州市委、潮州市人民政府于1995年2月14日、15日在广东潮州联合举办我国著名电影艺术家陈波儿纪念活动。北京、上海、广州等地80多位电影艺术界的领导者和艺术家聚集一堂，共叙往事。陈波儿同志的亲属任克夫妇、陈戈华等也应邀参加了纪念活动。这一年元宵节，中国共产党的优秀党员、革命家、社会活动家、人民艺术家陈波儿终于“回到”潮州！陈波儿的汉白玉雕像在潮州西湖公园落成并举行雕像揭幕式暨纪念陈波儿从事革命文艺65周年活动。陈波儿雕像背后有一块大理石，正面刻着夏衍的题词：“人民艺术家陈波儿同志不朽。”大理石背面刻有阳翰笙撰、吴南生书的陈波儿生平事迹。陈波儿永远活在潮州人民心中，陈波儿的名字永载在中国革命史册上！

潮州西湖公园陈波儿汉白玉雕像

柯柏年
（1904—1985）

- 一门五志士
- 选择了马克思主义
- 深得瞿秋白和张太雷厚爱
- 在周恩来领导下工作
- 参加“左联”和“社联”
- 延安的“红色秀才”
- 马列著作翻译家
- 蜚声中外的外交家

《法兰西阶级斗争》译者柯柏年，原名李春蕃（1904—1985），广东潮州人，1924年加入中国共产党，1937年赴延安，先后在中央马列学院、中央外事组等机关工作，新中国成立后主要从事外交工作。柯柏年是当时比较知名的马列著作翻译专家，除《法兰西阶级斗争》外，还翻译过《哥达纲领批判》《社会主义从空想到科学的发展》《拿破仑第三政变记》《德国的革命和反革命》《帝国主义论》等著作。毛泽东对柯柏年的翻译工作给予了很高评价。

——张全景

CHAPTER 7

第七章 著名马克思主义著作翻译家柯柏年

柯柏年是国内闻名的红色社会科学家，也是中国著名的马克思主义著作翻译家和中共国际问题专家。中国共产党人早期阅读的马列著作，很多就是柯柏年翻译的。杨尚昆在回忆录中说："柯柏年是大革命时期很出名的老同志。"毛泽东在延安时期曾经说过："翻译工作，要多请教柯柏年。"中共中央组织部原部长张全景曾在《求是》杂志等刊物上撰文指出，柯柏年是延安时期知名的马列著作翻译专家，毛泽东对柯柏年的翻译工作给予了很高评价。

柯柏年长期从事党和国家的外事、外交工作，抗日战争后期和解放战争时期，就是中共中央外事组、中央军委外事组的重要成员，新中国成立后成为我国著名的外交家。中国大百科全书出版社出版、何明编写的《共和国第一批外交官》26人中，周恩来排名第一，柯柏年排名第九。柯柏年参加了在朝鲜板门店签订《朝鲜停战协定》的谈判。1954年4月，柯柏年随周恩来总理出席日内瓦会议。日内瓦会议打开了中美谈判的大门，中方派出王炳南、柯柏年为正副代表与美国进行正式外交谈判，达成包括钱学森在内的平民回国协议。同时，他为中美建交做出了贡献。

一门五志士

柯柏年，原名李春蕃，笔名马丽英、丽英、列英、福英等，1904年5月26日生于潮州市区刘察巷15号。祖父李毓贞，在潮州东平路开设祥和糖行，有两个儿子。长子李秀秾，子承父业，经营祥和糖行，有李春蕃、李春城、李春霖等孩子。次子李秀升从事教育工作，有李春涛、李春鍏、李春秋、李春泽等孩子。李秀升在厦门参加同盟会，追随孙中山进行革命活动，并在家乡宣传三民主义，带头剪掉辫子。他和好友常聚集到刘察巷李家讨论国家大事，使年幼的李春涛受到革命思想的影响。而李春涛这个大家庭中的长子选择的人生道路，又影响了他这一辈的李家几个兄弟。在李春涛的影响、帮助下，李春蕃（柯柏年，1904—1985）、李春鍏（李一它，1905—2004）、李春霖（李少庭，1910—1937）、李春秋（李伍，1914—1980）相继走上革命道路，为中国革命做出了重要贡献。

李春涛是这个家庭的长子，著名的国民党左派，我国早期的马克思主义者。曾东渡日本，就读于早稻田大学，与同学彭湃志同道合，结成莫逆之交。他大力支持彭湃领导的农民运动。1925年12月，李春涛与沈雁冰、邓中夏等任编辑，协助时任国民党中央宣传部代理部长、《政治周报》主编毛泽东编辑这个刊物。他在该报发表了《杀尽知识阶级的是谁？》《东征纪略》等重要文章。国民革命军第二次东征时，李春涛任职于东征军指挥部总政治部，是周恩来的得力助手。他被周恩来誉为“党外布尔什维克”，并推荐其担任岭东民国日报社社长。该报1926年1月出版，公开大量刊登马列原著和中国共产党政

潮州市区刘察巷15号柯柏年故居

治主张。周恩来主政东江期间，李春涛与彭湃、邓颖超分别任国民党潮梅特委宣传部、农民部、妇女部部长。1926年12月，李春涛当选为国民党广东省党部执委。1927年四一二反革命政变，反动的南京政府发布了《通缉共产党首要令》，列出了通缉陈独秀、毛泽东等197人名单，李春涛也被列入这个名单。同年4月27日 ，李春涛被国民党反动派装进麻袋，用刺刀活活刺死并抛入汕头石炮台外海。1985年潮州市拟于李春涛90周年诞辰、牺牲60周年，在西湖公园涵碧楼西侧建成春涛亭，以纪念这名著名革命烈士。时任中共中央政治局委员、全国政协主席邓颖超送来了亲笔题词："李春涛烈士永垂不朽！"

李春鍏，早年参加革命，毕业于上海大学社会学系。在上海大学读书时，经张太雷、蒋光慈介绍加入中国共产党，任上海大学学生会主席。1926年初，曾从汕头岭东民国日报社帮哥哥李春涛带一封信到广州东山的一座院子当面交给毛泽东。1927年3月，他带领学生参加了周恩来、赵世炎等领导的上海工人第三次武装起义。这次起义取得胜利，成立了上海人民政权，李春鍏以学生代表的身份当选为人民政权委员。四一二反革命政变后，为替哥哥李春涛报仇，他离开上海到武汉革命政府找哥哥的同学彭湃和老师张太雷。他到武汉后，先在林伯渠的革命裁判所当书记员，后到谭平山任部长的农政部当科员。在彭湃和张太雷的支持下，他参加了八一南昌起义，任连指导员。李春鍏随贺龙、叶挺进军潮汕。1927年9月30日，他们连在潮州枫溪火车站，负责掩护部队撤退。当时李春鍏大腿受伤，与部队失去联系，只得秘密回家养伤，后乘船去新加坡，再折回上海。到上海后，请老师陈望道帮忙找个立足之地。陈望道安排他到上海中华艺术大学任总务主任和英语副教授。不久，李春鍏加入左翼文化组织我们社，1930年3月，他与洪灵菲、戴平万、杜国庠一起加入中国左翼作家联盟，并出席"左联"成立大会。由于身体原因，后半生主要从事教育工作。李春鍏的作品主要有：长篇小说《海鸥》，回忆录《彭湃三兄弟到我家》《随贺龙叶挺进军潮汕》等。

李春霖，中国工农红军高级指挥员，革命烈士。曾任红四方面军政治部秘书长、西路军政治部秘书长。刘伯承曾对柯柏年说："春霖在长征路上反张国焘，被关押、用刑。"由于他能说善写，字写得好，蜡版刻得也好，逃过了死于张国焘枪下的劫难。在党中央的干预下，张国焘才不得不解除对罗世文、廖承志、李春霖等人的监禁，撤销处分。李春霖毕业于潮州城南小学。14岁时，到汕头礐光学校求学。受哥哥李春涛、柯柏年的影响，从小参加革命活动。1927年四一二反革命政变后，李春涛惨遭杀害，国民党反动派到处抓捕李家男丁。李春霖在一次被追捕时，逃至刘察巷李宅斜对面吕宅内，得到了因病卧床的吕老太的掩护，逃过了追捕。他只身到了上海。与蔡楚生、陈波儿、白杨、赵丹等人一道，从事左翼电影工作，并在上海加入中国共产党。因苏区急需大量宣传文化工作干部，1930年，李春霖被党派往鄂豫皖苏区，到红四方面军政治部工作。在红四方面军任职期间，李春霖与曾中生、王振华、朱光、张琴秋等人，同张国焘的错误进行了坚决斗争，为红四方面军扭转危局、反败为胜，为川陕革命根据地的开辟和发展做出了很大贡献。1937年3月，李春霖在河西走廊中段的甘肃省张掖市临泽县境内（一说在河西走廊东端的甘肃省武威市民勤县红柳园战场）同国民党军阀马步芳部作战，因弹尽粮绝，壮烈牺牲，年仅27岁。柯柏年一直在寻找弟弟李春霖的下落，直到开国大典在天安门城楼上见到刘伯承元帅，向刘帅打听春霖的消息，才知道弟弟春霖牺牲了。

李春秋，幼年在潮州城南小学读书。从小受大哥李春涛、堂哥柯柏年、四哥李春鍏的影响，决心像兄长一样投身革命。1927年，13岁的李春秋就参加了党的地下秘密活动。大哥李春涛被反动派残酷杀害，为躲避国民党反动派对李家男子的追杀，他在母亲王懿德的娘家潮州仙街头的王家躲藏了两晚，后装扮成挑夫，由其舅公王君五（商人，经常跑上海，潮州政协原副主席王显群的父亲）带往上海，找哥哥柯柏年和李春韡，从此改名李伍。到达上海后，在中共闸北区委做青工工作、机要工作。参加左翼文化组织我们社。1935年上半年，李伍根据党组织安排，从上海到重庆，通过考试进入四川成渝铁路局的无线电台。1937年，柯柏年介绍李伍到武汉八路军办事处见李一氓，然后转往延安。1938年5月到达延安，同年加入中国共产党，在抗日军政大学学习，后转到新华社工作。新中国成立后，任中央广播事业局副局长、新华社秘书长等职务。李伍于1980年4月病逝，党和国家领导人陈云、彭真、习仲勋、杨尚昆等400多人参加了追悼会。

选择了马克思主义

柯柏年读书非常勤奋。他6岁进入潮州市城南小学读书，各科成绩均为甲等。深得校长、教师喜欢，也被同学和李家兄弟尊重。国文教师还专门为他选择教材，如王勃的《滕王阁序》、岳飞的《满江红》、文天祥的《正气歌》等。古人那种忧国忧民、精忠报国的博大胸怀深深地嵌入他幼小的心灵。

柯柏年自幼爱书，遇到自己喜欢的书，一定要设法弄到手，大人给的零花钱几乎全部拿去买了书。这个习惯一直延续到晚年，收藏书是他最大的嗜好。对《孙子兵法》《西游记》《水浒传》《红楼梦》《聊斋志异》等书他非常喜欢，特别对《三国演义》更是烂熟于心。高小时，他曾以《三国演义》的内容自拟题目《周瑜妙计安天下，赔了夫人又折兵》写了一篇作文，深得老师称道，并作为范文在校内展示。

城南小学高小就开设英语课。英语老师教学耐心，使柯柏年自小对英语怀有浓厚兴趣。据他自己讲，那时的想法很简单，就是学好英语，将来到外地去“留学”（当时潮州学生把到广州、上海、北京等地读书都叫留学）。高小毕业，他考上汕头礐石中学。这是所美国教会学校，学校的英语老师是一位美国籍中年女教师。因柯柏年入学时就能讲一口流利英语，笔译能力也不错。他一见到英语老师，就主动用英语与她对话，深得老师的喜欢，并叫他去自己家里玩，请他吃外国东西。柯柏年也从家中带些潮州特产送给美国老师。在老师的指导下，他读了许多英文小说，如《鲁滨逊漂流记》《格列佛游记》《金银岛》等。他喜欢数学、物理，爱解各种难题，但最出色的还是英语，成绩很好，几乎每次考试都是第一名。

在堂兄李春涛影响下，柯柏年了解了太平天国、戊戌变法等近代中国历史事件、接触到孙中山民主主义革命思想。李春涛读中学时购买了《说部丛刊》一、二集，两大木箱。柯柏年10多岁时，常常借他的《说部丛刊》来看，不仅看林琴南的翻译小说，还看了其中一些空想社会主义思想的翻译小说，如《回头看》等。可以说，从那时起他已不知不觉地开始受到社会主义思想影响。在上中学的时候，他的人生目标基本就定下来了。

1919年，五四运动爆发。在汕头读中学的柯柏年一下子加入了声势浩大的学生运动。他参加各种集会，倾听演讲、辩论。他回忆说：“‘五四’前后，各种思想、主义，百家争鸣。经过一段时间学习、对比和研究，我终于选择了马克思主义。”

柯柏年的父亲要他留在家乡经商做生意，他却希望到上海继续读书。在李春涛的帮助下，于1920年，柯柏年搭乘英商太古公司的轮船直达上海，经学校办理转学，到沪江大学中学部学习。父亲不支持他继续读书，因此，不给他的学费和生活费，也不让亲属资助他。但柯柏年下定了的决心绝不会改变。他向学校申请勤工俭学，在教务处当抄写员，半工半读，维持学业，并自学俄语、德语。他白天读书，晚上为学校工作两小时，星期天工作半天，因而学校免收了他的学杂费。他利用业余时间翻译英语短篇故事，发表在报刊上，解决自己的生活来源。

从此，16岁的少年柯柏年开始了漫长的翻译生涯，并因翻译马列原著而投身于中国革命，走上了为中国人民的解放事业奋斗终生的光明大道。《新青年》杂志刊登了陈独秀、李大钊等人的介绍马克思主义的文章，柯柏年看后深受感动，他找到一些英文版的进步文章，翻译出来后，发表在上海《民国日报》副刊上，在社会上引起一定的反响。

1923年，他升入沪江大学社会学系学习，参加了青年进步组织非基督教联盟，并且在该组织认识了后来成为中国共产党早期重要领导人的瞿秋白、张太雷等人，他在这里阅读到了更多的马克思主义的原著，思想在自由的天空中飞行。一面是真理的光芒，一面是现实的黑暗，柯柏年清醒了，立场更坚定了。

深得瞿秋白和张太雷厚爱

1921年9月1日，中共中央在上海成立了第一个出版机构——人民出版社，1923年11月，中共中央又在上海成立了第二个出版发行机构——上海书店。上海书店还在各地建立发行机构，为建党初期马克思主义的传播作出了贡献。柯柏年这时就是上海书店出版的马克思主义著作的主要译者之一。他翻译的第一本马列原著是列宁的《帝国主义论》。在瞿秋白、张太雷的帮助下，《帝国主义论》由上海书店出版。柯柏年在上海书店发表马列著作译本，对宣传马列主义、唤醒和教育广大人民，起到了积极的作用，但也引起了校方的不满，他们取消了柯柏年勤工俭学的资格。不仅如此，学校还以柯柏年参加学生运动为由，开除了柯柏年的学籍。柯柏年在童年时期就已养成坚定勇敢、不屈不挠的性格，“你开除我，我照译不误！”他继而又翻译了恩格斯的《社会主义从空想到科学的发展》、马克思的《哥达纲领批判》、列宁的《农业税的意义》等。这些译作陆续由上海书店等出版机构出版。

在瞿秋白和张太雷的热情支持和帮助下，柯柏年转到革命气氛浓郁的上海大学社会学系学习。当时上海大学的地址在上海英租界西摩路（今陕西北路），一间学生宿舍挤住数十人，学习生活很不方便。瞿秋白、张太雷和施存统住在上海大学附近的一幢楼房里。为了支持柯柏年翻译马克思主义原著，他们欢迎柯柏年与他们同住，这对柯柏年是极大的关怀和照顾。柯柏年与张太雷同睡一张两层的架子床。瞿秋白当时是上海大学社会学系主任，张太雷是上海大学兼课教授，他俩是留俄同学，英文、俄文都非常好，柯柏年经常向他俩请教，从而不断提高翻译水平和理论水平。

1924年1月，柯柏年在上海大学经同学杨之华（后来成为瞿秋白的夫人）介绍，加入中国共产党。后来当选为上海大学第一届学生会执行委员，同时兼做中国共产党领导的反帝社团非基督教同盟的工作。此时，孙中山已在共产国际和中国共产党的帮助下，改组了国民党，重新解释三民主义，提出了“联俄、联共、扶助农工”三大政策，一时间“以俄为师”渐成风气。为了解苏俄社会主义思想和崭新的社会主义制度，柯柏年决心学好俄语。

1924年9月，柯柏年从上海到北平，找到了李春涛和杜国庠，住进了他们在北平地安门附近的红色小屋“赭庐”。兄弟一见面，柯柏年从包里拿出两本书，是自己翻译的《帝国主义论》，送给两位兄长各一本。两人看了，十分高兴，情不自禁地交流起来，柯柏年告诉他们，自己已经加入共产党，为了学习俄语来到北平，并和北平的党组织取得联系。他的所言所行，给了两位兄长很大的鼓舞。根据柯柏年的建议，杜国庠和李春涛在赭庐里成立了北平反对基督教同盟，参加的共8人。一致推举杜国庠、李春涛为会长，柯柏年、李辞三（清华大学）、李典煌（北平工业大学）、黄雄（李辞三的外甥）、王洪声（朝阳大学）、李春鏵6个学生为会员。与此同时，柯柏年利用晚上时间在赭庐里翻译恩格斯的著作《社会主义从空想到科学的发展》，这本书的翻译增加了赭庐的政治色彩。不久，这本书就在上海《民国日报》的副刊《觉悟》上连载了。

在周恩来领导下工作

1925年，上海爆发了反帝爱国的五卅运动，揭开了大革命高潮的序幕。同年7月，国民政府在广州成立。大批革命者南下广东参加国民革命。瞿秋白、张太雷离开上海到广东，李春涛、杜国庠也从北平回广东。广东东江地区工农运动风起云涌，蓬勃发展。杜国庠已经担任澄海中学校长。他力邀柯柏年回家乡，到澄海中学任教，一起办学。柯柏年与杜国庠志同道合，观点一致，揭开澄海中学校史崭新的一页。他与杜国庠、朱叟林等人积极开展革命活动。柯柏年亲自带领中学生20多人步行到海丰县学习农民运动的经验，这批学生多数人后来成为共青团员，参加革命。柯柏年一面帮助杜国庠改革学校的教学工作，一面用比较集中的时间翻译马克思的重要著作《哥达纲领批判》。据中央党史部门统计，《哥达纲领批判》20世纪20年代在上海出版发行了三次，深受欢迎，供不应求，40年代在延安等解放区多次出版，大量发行，曾经被毛泽东定为党的领导干部必读的马列经典著作之一。

1925年10月1日，国民革命军从广州出发进行第二次东征，以求彻底消灭盘踞在东江地区的陈炯明叛军，巩固广东革命根据地。柯柏年参加了第二次东征。他经上海大学同学、时任苏联军事顾问加伦将军的翻译李炳祥的介绍，到周恩来领导的东征军总政治部社会科任副科长，负责农运、工运。同年11月，陈炯明的部队被彻底消灭，第二次东征胜利结束。东征军总政治部改为东江各属行政委员公署，周恩来任行政委员（相当于专员），主政东江（惠潮梅）地区25个县。柯柏年被周恩来任命为行政委员公署驻澄海县政治特派员，负责指导当地的国民革命运动。他配合有关方面和当地革命干部，建立共青团澄海小组和支部，传播马克思主义。

大革命时期，国民政府先后建立了黄埔军校潮州、南宁、武汉、长沙4所分校。1925年，在潮州创办黄埔军校第一所分校。潮州分校位于市区湘太马路（今中山路）李厝祠。蒋介石兼任校长，汪精卫兼任党代表，周恩来兼任政治部主任，何应钦兼任教育长。周恩来聘请著名国民党左派人士李春涛、共产党员柯柏年担任潮州分校政治教官。柯柏年主讲帝国主义侵华史和社会主义课程。潮州分校招收了两期学员。第一、二期毕业学员分别为348人、380人，与黄埔军校校本部第三、四期毕业生享受同等待遇。潮州分校培养的毕业生在北伐军各部队中担任军事或政治工作，参加了北伐战争。

周恩来主政东江地区期间，非常重视宣传工作。他在东江时创办了《岭东民国日报》。该报于1926年1月20日正式出版。它共有10个版面，还有一个副刊。周恩来为副刊题写刊头“革命”二字。在周恩来的推荐下，李春涛被委任为岭东民国日报社社长，柯柏年任该报副总编辑兼副刊《革命》主编。在此期间，柯柏年还积极参加了汕头工农运动讲习班和震东中学社会科学院的工作。

1925年12月1日，在周恩来的倡议和主持下，汕头市各界代表成立汕头收回教育委员会。设总务、调查、文书三部，由杨嗣震、柯柏年等负责。在这一运动中，经过斗争，汕头教育部门将英教会学校华英中学收回自办，并改名南强中学（今汕头一中），撤换了美教会学校礐石中学校长。邓颖超1925年12月发表文章《反基督教运动与中国教会及学校》，呼吁中国各地的教会及教会学校要效法汕头的做法。

1926年1月21日澄海县民众举行纪念列宁逝世两周年盛大集会，到会者有学生、工人、农民、士兵、警察等数千人。会上，县政治特派员柯柏年报告列宁一生的奋斗历史。1926年夏，柯柏年被调到广州，任国民革命军第三军政治教官，并协助张太雷编辑中共两广区委机关刊物《人民周刊》。

《法兰西阶级斗争》，马克思著、柯柏年译

1926年，柯柏年在副刊《革命》上，发表了《一八四八年六月巴黎无产阶级之失败》，即马克思的《法兰西阶级斗争》第一章。1927年1月，柯柏年翻译列宁的名著《国家与革命》，译作也刊登在《岭东民国日报》的副刊《革命》上。该译文后来出了单行本。毛泽东对此书爱不释手，反复阅读，长征时还带着它。

1927年，国共关系日益恶化。同年2月25日，身为国民党左派的李春涛被免去岭东民国日报社社长的职务。该报被右派篡夺之后，中共即派柯柏年、梁工甫等另办《岭东日日新闻》。柯柏年任副总编，办副刊《怎么干》。该报经常驳斥已被国民党右派篡夺了领导权的《岭东民国日报》的荒谬言论。

1927年4月12日蒋介石在上海发动了反革命政变，广东的国民党右派也开始“清党”反共，大肆抓捕杀害共产党人和进步人士。4月14日当夜，汕头的国民党反动派到岭东日日新闻社抓人。柯柏年正在报社看书，突然，街上嘈杂的声音引起了他的警觉，他本能地站起身向门外走去，看到街上到处都在抓捕共产党人，他这会儿才意识到问题的严重性。当他往门外跑时被国民党兵抓住，问他是谁，他机智回答“送饭的”，乘机逃脱。国民党反动派搜查了岭东日日新闻社，担任该报报务工作的巫丙熹被捕牺牲。岭东日日新闻社也随之被国民党反动派查封。柯柏年跑到南强中学的对面，探头一望，不好，这里的军警更多，没等柯柏年转过神来，“共产党在那儿！”有人在远处指着他高喊，他被发现了。柯柏年掉头便跑，他跑进前面一条小巷，一拐弯躲了进去，这是一条死胡同。柯柏年急了，他迅猛地把住墙头翻身一跃，跳进了旁边的院子里。这里刚巧是他的一个女学生黄若农的家，黄家人把他隐藏起来。柯柏年躲过了死劫。生死与共的经历，使他与黄若农原本普通的师生之情升华为纯真的爱情。不久，柯柏年和黄若农喜结连理，并在家人的帮助下避难海外，投靠远在泰国的黄若农的哥哥黄雄。

参加“左联”和“社联”

1929年，柯柏年携妻带子辗转又到了上海，从此改名为“柯柏年”。在上海找到党组织，接上组织关系后，他被编入中共上海闸北区第三街道支部，并担任支部书记。在上海，柯柏年与杜国庠并肩作战，宣传马克思主义，传播新兴社会科学知识，同文化界的反动势力开展斗争。1930年，柯柏年与杜国庠都先后参加中国左翼作家联盟和中国社会科学家联盟。柯柏年还担任过“左联”党团成员和“社联”宣传部部长等领导职务。不久，柯柏年认识了在上海劳动大学读书的许涤新，并把他介绍给杜国庠。杜国庠介绍许涤新加入“社联”和中国共产党。后来许涤新任“社联”党团书记。

许涤新在《忆社联》一文中说：“社联的全称是中国社会科学家联盟，它是左联的姐妹团体。左联成立于1930年3月2日，当时参加左联的成员并不限于作家和文艺批判家，有不少从事哲学社会科学的革命学者，如朱镜我、杜国庠（当时化名林伯修、吴念慈等）、彭康、李一氓、熊德山、吴亮平、邓初民、柯柏年、何思敬、王学文、周新民、宁敦五、杨贤江（当时化名柳岛生）、钱亦石、张庆孚等同志，也参加了左联。随着革命形势发展的需要，从事社会科学的同志，根据党的决定，后来又建立了社联。社联成立的日期，是1930年5月20日，比左联迟了两个多月。”著名学者、政治学家高放说：“我同柯柏年（1904—1985）熟悉。他是广东潮汕人，原姓名李春蕃……1930年为上海‘左联’党组（团）成员。”[①]许涤新在《忆社联》一文还写道：“为了宣传马克思主义，为了揭露国民党的反动统治和卖国政策，社联在白色恐怖之下，在出版极其困难的条件下，主办了许多刊物。由柯柏年同志（‘九一八’到‘一·二八’间任社联宣传部部长）主编的《研究》（社联机关刊物），在1932年初出版。”

1931年4月顾顺章叛变，中央重组特科。柯柏年被安排到中央特科工作，直属陈云领导，肩负起锄奸除奸、营救同志、破译情报、保卫党的领导机关的重任。战斗在白区隐蔽战线上的革命者，除了身处险境外，生活上也非常艰难。柯柏年的结发妻子黄若农患上肺炎，无钱治病。柯柏年学习修理收音机，试图多挣一点钱给妻子看病，却是于事无补。他眼见贤妻撒手人寰，欲哭无泪，强忍丧妻之痛，全心全意投入到革命工作中去。1933年1月，中共中央机关迁入中央革命根据地，陈云等领导同志进入中央苏区后，柯柏年继续把主要精力花在开展左翼文化工作上。

“左联”时期，柯柏年编写和翻译了大量的社会科学书籍。已知的编目有：1929年，柯柏年翻译了凯尼斯博士的《经济学方法论》；同年9月，他又翻译了德国工人哲学家狄慈根的《辩证法唯物论》；1930年和1933年10月，柯柏年与吴念慈（杜国庠）、王慎名合编了《新术语辞典》《经济学辞典》；1933年8月，编写了《社会问题大纲》《怎样研究新兴社会科学》等丛书；1935年，针对学习马克思主

① 参见高放：《〈共产党宣言〉并无柯柏年译本》，《广东社会科学》2010年第2期。

义遇到的问题，他翻译了狄慈根的名著《辩证法的逻辑》，这是一部在辩证唯物主义，特别是在方法论上有突出建树的理论著作，对于学习和认识马克思主义有极大的帮助；1936年，柯柏年编译了《世界社会科学名著精要》。上述论著都由上海南强书局出版。

此后，1937年，柯柏年编写《辩证法唯物论》，张鑫山出版社出版。他还编写《日本帝国主义与第二次世界大战》，上海昆仑书店出版。1945年，他翻译《纪念恩格斯》；1948年，他与王石巍合译列宁的《马克思恩格斯与马克思主义》，东北书店出版。1949年8月，柯柏年主编的《美国手册》在北平出版。新中国成立后，出版了《介绍共产党宣言》，参加《印度对华战争》《列宁选集》的编译工作，等等。柯柏年在中国传播马克思主义和新兴社会科学方面做出了卓越贡献，是国内闻名的红色社会科学家。

延安的“红色秀才”

1937年抗日战争全面爆发，柯柏年历尽坎坷来到延安。1938年，在毛泽东倡导和带动下，中国共产党开展了空前规模的学习马克思主义运动。根据毛泽东提议，由艾思奇、何思敬、柯柏年等18人于1938年9月30日在《解放》周刊发起成立新哲学会，其主要任务是组织研究、翻译和学习马克思主义哲学。延安新哲学会对于动员和组织广大干部学习和应用马克思主义哲学、培养理论研究和宣传干部，起了很大的作用。

这个时期全党学习马克思主义、学哲学、学辩证法蔚然成风。各单位为干部们开讲座，上辅导课。比较有影响的有：徐特立讲授统一战线，柯柏年讲授哲学和社会发展史，吴玉章讲授教师的光荣责任等。王一在《延安当年是怎么学习辩证法的》中说：“当时在延安的学者和培元、艾思奇、吴亮平、柯柏年、王学文、王思华等都有大量的哲学演讲，他们有的讲军事辩证法，有的讲实际生活中的哲学问题，有的介绍中外哲学史方面的知识，有的介绍哲学方法。其后，这些演讲大都发表在延安当时出版的《解放》周刊、《中国文化》月刊、《八路军军政杂志》和《解放日报》上。”

陈云时任中组部部长，也极力倡导开展学习马克思主义理论的运动。为了对运动予以指导，中组部又组织成立了一个领导干部学习小组，由陈云和李富春分别担任正副组长，而给他们上课的，则是一批“红色秀才”，如艾思奇、吴亮平、柯柏年、王学文、王思华等。[①]据人民大学原校长袁宝华回忆：“他（指陈云）主持全体干部学习《共产党宣言》。这本书是延安出版的，每人一册。陈云请柯柏年为我们辅导，念一段讨论一段，陈云还向辅导员（柯柏年）提问题。”[②]柯柏年虽未翻译过《共产党宣言》，但研究《共产党宣言》的造诣颇深。高放说：“1941年他（指柯柏年）在《解放》半月刊发表《关于〈共产党宣言〉（书刊介绍）》，在《解放》122、123、125期连载。1950年他又在北京出版的《学习》杂志第3卷第9期至12期连载《介绍〈共产党宣言〉》长文，对这

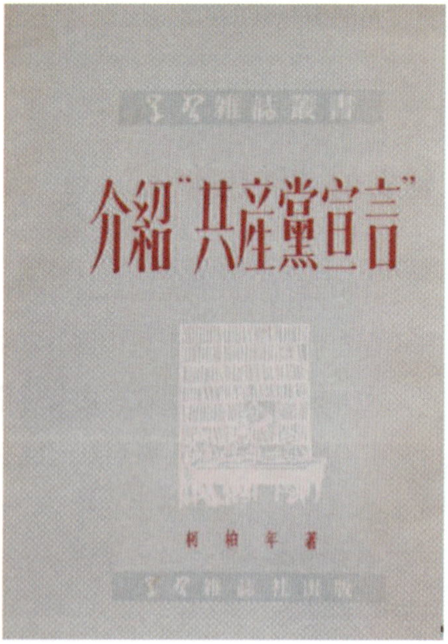

《介绍“共产党宣言”》，柯柏年著

① 参见散木：《延安时期毛泽东的秘书和培元》，《党史博览》2011年第10期。

② 参见袁宝华：《回忆陈云同志对我的教诲》，《百年潮》2005年第5期。

本经典著作做了精要的阐释，1951年8月由学习出版社另出单行本。20世纪50年代柯柏年任外交部美澳司司长，我曾拜访过他，向他请教有关《共产党宣言》的一些问题。”[①]

为了推动全党学习和运用马克思主义的立场、观点、方法，解决中国革命的实际问题，1942年，毛泽东召集柯柏年、张仲实、艾思奇等人在自己办公室讨论编写《马恩列斯思想方法论》一书，汇编马恩列斯有关论述，由解放出版社出版。这本书由毛泽东审定，列为“干部必读书”，作为整风的学习材料，成为当时破除教条主义束缚的锐利武器。

马列著作翻译家

中央文献研究室原主任、著名党史专家逄先知在《毛泽东读书生活我见我闻》中说，在大革命时期，马列著作翻译到中国来的还很少。列宁的《国家与革命》第一个中文全译本是柯柏年译的。“毛泽东用《国家与革命》的理论来说明中国的革命问题，指导中国的革命。”长征途中，他丢弃了许多东西，但《国家与革命》《法兰西阶级斗争》和《哥达纲领批判》几部马列著

列宁的《国家与革命》第一个中文全译本是柯柏年译的，图为《国家与革命》的一个中译本

① 参见高放：《〈共产党宣言〉并无柯柏年译本》，《广东社会科学》2010年第2期。

作一直带在身边。1947年转战陕北时，虽然战事频仍，但他依然携带了这些马列著作。张闻天夫人、革命家刘英亲眼看见毛泽东读马列著作的感人情景：红军长征，他在马背上也读马列著作；到了毛儿盖，没有东西吃，肚子饿，但他读马列书仍不间断。他当时读的马列著，作中，就有柯柏年译的列宁《国家与革命》《帝国主义论》等。

某些别有用心的人说什么“中国共产党许多领导人不重视马恩著作的学习，特别是没有读过恩格斯晚年的著作”，恩格斯晚年最重要的著作《法兰西阶级斗争》的《导言》1956年才在中国出版。针对这一说法，中共中央组织部原部长张全景在2007年第17期《求是》上发表《中国共产党人历来重视学习马恩著作——从〈法兰西阶级斗争〉在中国的出版与传播谈起》一文，以柯柏年早年翻译大量马恩原著为主要例证和论据，予以驳斥。他指出，“根据现在查到的资料，《法兰西阶级斗争》早在1942年7月就由延安的解放社出版，这比某些人说的1956年早了14年……1938年到1942年，解放社出版了一套‘马克思恩格斯丛书’，《法兰西阶级斗争》是其中的第十二本。这本书的封面书名为繁体字，从左向右横排，右下角标注‘马恩丛书12，1942’字样。译者柯柏年，原名李春蕃（1904—1985），广东潮州人，1924年加入中国共产党，1937年赴延安，先后在中央马列学院、中央外事组等机关工作，新中国成立后主要从事外交工作。柯柏年是当时比较知名的马列著作翻译专家，除《法兰西阶级斗争》外，还翻译过《哥达纲领批判》《社会主义从空想到科学的发展》《拿破仑第三政变记》《德国的革命和反革命》《帝国主义论》等著作。毛泽东对柯柏年的翻译工作给予了很高评价。值得一提的是，早在1926年，柯柏年就翻译了《法兰西阶级斗争》中马克思的第一篇文章，当时的译名是《一八四八年六月巴黎无产阶级之失败》，刊登在汕头《岭东民国日报》的《革命》副刊上（作者张全景注：《革命》二字由周恩来题写）。”《法兰西阶级斗争》（含恩格斯《导言》）是一部马克思主义的光辉文献，该书早在1942年7月就由延安的解放社出版，并多次重印。

1938年5月5日，即马克思诞辰120周年纪念日，中央马列学院在延安正式成立。当时的中共中央主要负责人张闻天兼任院长。他在中央马列学院里建立了一个编译部，自兼主任，有计划地翻译马恩列的著作。张闻天先后将柯柏年、成仿吾、张仲实等人调入编译部。柯柏年中学生时代就开始翻译马克思主义著作，外文水平较高，译著也多。在延安期间，他先后翻译的马克思主义著作有：《德国的革命和反革命》（1939年4月）、《马恩通信选集》（1939年6月）、《拿破仑第三政变记》（1940年8月）、《法兰西阶级斗争》（1942年7月）、《列宁选集》第11卷等。其中，《德国的革命和反革命》是与王实味合译的，《马恩通信选集》是与艾思奇、景林合译的。中央研究院与中央党校合并后，柯柏年被调入中央宣传部翻译室。该翻译室的任务是翻译苏联出版的12卷《列宁选集》，柯柏年负责翻译的是《列宁选集》第11卷。

柯柏年在中央马列学院（后改名为马恩列斯研究院）期间，不仅担任翻译工作，还在1939年8月陈昌浩去苏联治病后，接替其担任西方革命史研究室主任。毛泽东提出马克思主义中国化之后，马恩列斯研究院改名为中央研究院。柯柏年在该院担任国际问题研究室主任。在延安安静的窑洞里，有充裕的时间，柯柏年从来没有像那个时候心情舒畅。他把全部的精力都投入到学习马列主义、翻译马列原著的工作中去。这一时期，他翻译了大量马列主义原著，为中共中央和各级领导干部学习马列主义提供教材，为传播马克思主义，加强党的思想建设，提高全党的马克思主义理论水平做出了贡献。

蜚声中外的外交家

柯柏年长期从事党和国家的外事、外交工作，抗日战争后期和解放战争时期，就是中共中央外事组、中央军委外事组重要成员。新中国成立后主要从事外交工作。中国大百科全书出版社出版、何明编写的《共和国第一批外交官》26人中，依次是周恩来、王稼祥、李克农、章汉夫、伍修权、张闻天、王炳南、宦乡、柯柏年，还有龚澎、乔冠华、耿飚、黄镇、韩念龙等。在共和国第一批外交官排名中，周恩来排第一，柯柏年排第九。

1943年，世界反法西斯战争进入了转折时期，美国、英国、苏联、中国等国家组成反法西斯同盟。美国总统罗斯福派出军事观察组进驻延安，中共中央热情欢迎并积极合作，中央领导多次与美方商谈交流中国抗日战场的情况，同时成立了中央军委外事组，组长是杨尚昆，柯柏年、黄华、马海德是主要成员。杨尚昆在谈及延安外事工作的开端时说，“延安的外事组成立时，毛泽东、周恩来在（六届）七中全会的主席团会议上提议由我兼组长，王世英和金城为副组长。成员有柯柏年、陈家康、黄华、凌青等。黄华是朱总司令的秘书，柯柏年是大革命时期很出名的老同志。还有一个马海德同志。我对外以军委秘书长的身份出面。这个外事组实际上就是做接待美军观察组的工作。”

美军观察组和外国记者不仅在延安观察采访，还东渡黄河深入敌后调查。1944年9月，柯柏年等人陪同美国观察组和驻延安的外国记者东渡黄河，到晋绥解放区观看八路军攻克日军据点的战斗。9月15日，他们观看了八路军奇袭山西汾阳电灯公司，火烧火车站、飞机场和火柴厂的战斗。指挥这场战斗的是晋绥军区八分区司令员罗贵波。八路军没有炮，为规避日军的优势火力，利用夜幕掩护战斗，经过三个晚上的战斗，八路军取得了胜利，缴获了许多战利品，老百姓帮助搬运，并送来食品慰问八路军。被俘的日军被带到美军观察组和记者们的面前，让美国人亲身感受共产党、八路军抗日的决心和战果。柯柏年在工作中逐渐和美方人员建立了友谊，还和美国外交官谢伟思交上了朋友。谢伟思经过观察，对中国共产党充满信心，回国后，他在提交给美国国务院的报告中明确提出“最终赢得中国的必将是中国共产党”，建议美国调整对华政策，然而美国政府坚持扶蒋反共，后来谢伟思也长期遭到美国政府的迫害。谢伟思1971年访华时，正值尼克松总统访华前夕。由于谢伟思在中美交往中曾扮演过的特殊角色，他受到了中美两国政府的高度重视。柯柏年利用与谢伟思的朋友关系，为中美建交做出了特殊贡献。

重庆谈判后，国共两党签署了避免军事冲突的协议。为了执行协议，美方派马歇尔作为总统特使来华调处国共争端。国民党派张治中为代表，共产党派周恩来为代表，与马歇尔组成一个三人委员会，史称“三人小组”。该小组下辖一个执行机构，即北平军事调处执行部。中共方面派叶剑英为代表。叶剑英带领中央军委外事组的柯柏年和黄华来军调部工作。柯柏年、黄华分别任中共代表团的翻译处处长和新闻处处长。由于蒋介石坚持以共产党为敌，军调处工作一开始，就充满尖锐斗争。

柯柏年作为中共方面的翻译陪同周恩来、叶剑英与马歇尔和国民党方面代表巡视重要的冲突地点。在河南新乡永连视察时，国民党人员无耻地上演了献鼎和请愿的闹剧。有七八个自称人民代表的人高喊，“共产党破坏停战协议，杀人放火”，向马歇尔请愿。柯柏年上前厉声质问，“你们根据什么说共产党杀人放火，你们到底是永连人民的代表还是国民党军政要人的代表？”当场揭穿了国民党方面的阴谋。

1947年，国共和谈完全破裂，我方军事调处执行部人员何去何从？中央采纳叶剑英的建议，1947年5月1日，成立中共中央外事组。主任由叶剑英兼任，副主任由王炳南担任。新成立的中共中央外事组下设研究、编译和新闻三个处，处长分别是：柯柏年、徐大年、董越千。中央外事组是当时中共中央的机关之一，工作人员大约有20多名，他们是中国共产党在战争环境下培养的一批外事干部，有相当一部分人在后来成为新中国开展外交工作的骨干力量。在第一批司级领导中王炳南任外交部办公厅主任；董越千任副主任兼国际司司长；柯柏年任美澳司司长。实际上，中共中央外事组是新中国成立前主管外交工作的领导机构，是新中国外交部的前身。

随着形势的发展，人民解放战争势如破竹，全国解放指日可待，柯柏年认为一个独立的国家要和世界打交道，更是要和美国打交道。柯柏年痛感出版界尚没有一本如实地、全面地介绍美国真相的书可供大家研究美国时翻阅查考之用，这对于中国共产党人认识世界形势，制定政策和策略存在诸多不便。和美国人打交道的几年，他自1947年起即广泛收集资料，认真筛选编写《美国手册》。1949年8月，柯柏年主编的《美国手册》在北平出版。该书以后多次重版，供不应求。

中华人民共和国成立后，柯柏年被中央人民政府任命为外交部首任美洲澳洲司司长。苏联东欧司司长伍修权没有到任前，还兼任该司司长。中国人民政治法律学会成立后，他被选为副主席。这个时期，他还发表了一些文章，如《新民主主义的外交政策》《美帝国主义的对华政策》《论苏联外交政策的特点》《斯大林与殖民地半殖民地解放运动》等。此时，他常用的笔名是福英。

新中国成立不久，美国侵略者把战火烧到鸭绿江边。中国人民志愿军跨过鸭绿江，同朝鲜人民军并肩作战，抗击侵略。1951年6月，抗美援朝大规模战役停止。双方战线基本稳定在“三八线”附近，此后再未爆发大规模战役，朝鲜半岛开始了战争和谈判纠缠的两年。

1951年11月16日，毛泽东致电李克农，并告金日成、彭德怀、乔冠华："14日电悉。李克农气喘加重，应及时注意，现派医生及护士各一人去你处，并同时派伍修权、柯柏年两同志前往帮助你工作一时期。"伍修权、柯柏年先去平壤拜会金日成，然后前往板门店，协助李克农同美国和韩国谈判。

1952年春，美国在侵朝战争中对朝鲜和中国平民使用细菌武器，国际舆论哗然，美国矢口否认。对此，中国政府向有关国际组织提出了指控。同年3月，国际民主法律工作者协会派出调查团开展调查。该团系由奥地利、意大利、英国、法国、中国、比利时、巴西、波兰8国家的法律工作者组成。柯柏年以法律工作者身份作为中国的唯一代表参加调查团。调查团通过大量取证，以确凿的证据证明了美国飞机在我国东北地区大量投掷含有病菌和病毒的各种昆虫和其他动物的罪行，发表了《关于美国军队在中国领土上使用细菌武器的报告》。调查团在朝鲜境内调查后，也作出了美国军队在朝鲜使用细菌武器的结论。3月16日，调查团在平壤会见了金日成，中国代表柯柏年说，百闻不如一见，他与英国代表在朝鲜各地调查时，目睹了美帝国主义犯下的种种罪行。同年4月3日，全国政协举行报告会，柯柏年介绍了国际民主法律工作者协会调查团的调查结果，控诉了美帝国主义残害人民的罪恶行径和反人类的战争罪行。根据调查结果，《人民日报》发表了《为击败美帝国主义细菌战而斗争到底》社论，让美国侵略者在全世界人民面前在道义上输了理，制止了他们妄图扩大细菌战的阴谋。

1954年4月，柯柏年随周恩来总理出席中苏美英法五大国日内瓦会议。日内瓦会议打开了中美谈判的大门。中方派出王炳南、柯柏年为正副代表与美国进行谈判。王炳南、柯柏年在和美国的谈判中，态度始终是积极主动的，提出的要求是通情达理的，既灵活又坚持原则，从而使这次会谈成为后来中美大使级会谈的前奏，在两国没有正式外交途径的情况下打开一条中美对话的通道。虽然美国海军参谋长曾发誓决不能放走钱学森，但是，这次谈判取得令人满意的结果，达成包括钱学森、赵忠尧等科学家在内的130位平民回国协议。

1954年10月，柯柏年被任命为中国驻罗马尼亚大使，1963年，他又被任命为中国驻丹麦王国大使。在两次大使任期之间，他在外交部国际关系研究所任常务副所长。

1971年，柯柏年完成了周恩来交办的一项翻译工作，翻译《泰晤士报》记者内维尔·马克斯韦尔的著作《印度对华战争》。1962年中印边境武装冲突时，马克斯韦尔是英国《泰晤士报》驻新德里特派记者，他精心搜集了印度政府的内部材料，客观叙述和分析了中印边境问题和冲突的背景，说明冲突是印度政府推行“前进政策”的结果。此书出版后反响强烈，曾被认为是可信性很高的权威著作。毛泽东认为此书很有价值。周恩来当即决定翻译出版大字本送毛泽东等中央领导同志参阅。外交部很快落实总理指示，组织专门的翻译班子。柯柏年任组长，其他成员有周南、龚普生、田进、葛绮云、吴景荣。他们6人合作译出，次年即由三联书店出版。该书译者署名“陆仁”，即“六人”的谐音。

1972年，尼克松总统访华，1979年中美正式建交，柯柏年和他美国老朋友谢伟思都做出了积极的努力。应中国政府邀请，谢伟思两次来华访问，柯柏年都全程陪同。

1973年，柯柏年被任命为中国人民外交学会副会长。会长一直由著名的民主人士张奚若担任，名誉会长是周恩来和陈毅。这个时期，柯柏年主要是协助周恩来做西方非政府人士的工作。

1981年，柯柏年被分别任命和聘为中华人民共和国外交史编辑委员会主任委员、国务院学位委员会法学组评议委员。1985年8月9日，一代马克思主义著作翻译家、外交家、革命家，中国共产党的优秀党员柯柏年在北京病逝，时年81岁。9月5日，英文《中国日报》发表题为《柯，外交家革命家，与世长辞》的文章，扼要介绍柯柏年的一生。柯柏年骨灰盒安放在八宝山革命公墓第一室，上面覆盖着中国共产党党旗。

梅　益
（1914—2003）

- 艰辛求学路
- 加入北方“左联”
- 办抗日报纸
- “炼钢的人”
- 创办江淮大学
- 中共代表团发言人
- 人民广播电视事业的开创者
- 社会科学战线的杰出领导人

梅益同志是中国共产党的优秀党员，是党在新闻广播、社会科学、百科出版战线上的杰出战士和组织者，是著名的文学翻译家和学者。他所翻译的《钢铁是怎样炼成的》曾经影响了几代人。他为繁荣和发展哲学社会科学事业，做出了不可磨灭的历史性贡献。

——李铁映

CHAPTER 8

第八章 学界泰斗梅益

梅益是我国著名宣传活动家、翻译家，人民广播电视事业的开创者，党在新闻广播、社会科学、百科出版战线上的杰出战士和组织者。梅益历任新华社副总编辑，国家广播电影电视总局局长，中国社科院副院长、党组第一书记，大百科全书出版社社长、总编辑，第六届全国人大常委会委员，中共中央顾问委员会委员等职。他所翻译的《钢铁是怎样炼成的》曾经影响了几代人。他主持编辑出版的《中国大百科全书》为中华民族科学文化发展树起了一座新的丰碑。他为繁荣和发展哲学社会科学事业，做出了不可磨灭的历史性贡献，被誉为“译圣”、文坛巨匠、学界泰斗。梅益为党和人民的事业奋斗了一生，他的思想业绩、道德文章永垂史册。

2003年1月17日春节前夕，中共中央政治局常委李长春代表党中央登门看望了梅益，同他亲切交谈了一个多小时。同年3月18日，梅益又以嘉宾的身份应邀在中央电视台《新闻夜话》节目纵论社会科学研究和宣传文化工作，他还表示，自己虽然已经91岁了，年纪大了，仍应保持比较健康的身体，继续把社会科学研究工作搞下去。

然而，不到半年，便传来噩耗：中国共产党的优秀党员，久经考验的共产主义战士，著名宣传活动家、翻译家，原中共中央顾问委员会委员，中国社会科学院原党组第一书记梅益同志，因病于2003年9月13日18时45分在北京逝世。这位为党的新闻宣传出版事业贡献了毕生精力的学界泰斗走完了自己光辉一生的路程。20世纪30年代活跃于“左联”文坛、后来成为我党新闻出版战线领导者的最后一颗巨星陨落了。胡锦涛、江泽民、吴邦国、温家宝、贾庆林、曾庆红、吴官正、李长春等领导同志分别以不同方式对梅益同志逝世表示哀悼。

9月25日，八宝山革命公墓礼堂庄严肃穆，哀乐低回。在黑底白字“梅益同志永垂不朽”的横幅下，悬挂着梅益同志的遗像，而在遗像下方摆放着梅益翻译的《钢铁是怎样炼成的》中的一段名言：“人的一生应当这样度过：当回忆往事的时候，他不会因为虚度年华而悔恨，也不会因为碌碌无为而羞愧；在临死的时候，他能够说：'我的整个生命和全部精力，都已经献给了世界上最壮丽的事业——为人类的解放而斗争。'"这段曾经被几代人传颂的警句，就是梅益光辉一生的真实写照。

艰辛求学路

梅益原名陈少卿，笔名梅雨，1914年1月9日（农历癸丑年十二月十四日）生于潮州市区一个普通市民家庭。其故居坐落在潮州城打银街小下厝巷4号。父亲陈彦生在韩江当船工，后经营小本生意，买卖旧衣和日用品。不久，他和城里一位银匠的女儿王氏结婚，改行批发《申报》。生育了四男一女，梅益排行第三。由于家庭人口多，收入有限，家里一直很穷。第五个孩子过早夭亡。老三梅益天资聪颖，精力过人，身材高大。

1926年，梅益13岁，在潮州城南小学毕业，同年考上了广东省立第四中学（即潮州金山中学）。因为家里穷，梅益的哥哥小学毕业后就到药铺记账。他的父亲也希望梅益像哥哥一样，早点出来打工，当学徒或干别的差事。学校开学已经半个多月了，有一天他在路上碰到了小学的黄老师，问他上中学哪个班，学得怎么样。梅益回答说家里穷，没上学。黄老师说："哎！太可惜了！" 回家后梅益哭了一个晚上，母亲也很难过，就给他三块银洋，说："先交一部分，要是不够了，那就没办法了，家里实在拿不出钱。"哥哥的同学龚文河带着梅益去找校长杜国庠，杜校长爱惜人才，对交不起学费的梅益十分同情，收下他当学生，并摸着他的头说："以后要是在期考得了前三名，免你的学费。"就这样，梅益借了别人学过的课本上学了。梅益

潮州市区打银街小下厝巷4号梅益故居

非常珍惜学校生活，学习很用功，进步也很快，课外还阅读了不少书刊。直到晚年，回想起杜国庠等人的帮助，梅益仍充满感激之情。感谢他“改变了一个本该当学徒的人的人生道路”。

1925年11月，国民革命军第二次东征到潮州，金山中学学生发起驱逐反动校长黎贯运动。杜国庠是在黎贯被撤职后，经周恩来推荐，被广东国民政府委任为金山中学校长的。杜国庠任金山中学校长期间，锐意刷新校政，清理校产，重用进步教师，解聘反动教员，引导、支持学生参加国民革命和社会活动，使金山中学这所粤东地区最高学府成为共产党和青年团组织开展革命活动的重要阵地。因此杜国庠被反动势力视为眼中钉和“准共产党”。梅益感激和崇敬杜校长，受杜校长进步思想的影响，同情和向往革命。当时潮州国民革命的烈火在燃烧，他哥哥也参与其中。进步组织利用梅益父亲陈彦生批发

《申报》的场所办了一个青年通讯社，宣传和报道潮州的国民革命活动。在学校和家庭的影响下，梅益对革命有了初步的认识。

加入北方“左联”

四一二反革命政变后，杜校长被迫辞职。哥哥被捕，龚文河牺牲。这些都给梅益极大的刺激，梅益产生了离开潮州、寻找革命道路的愿望。1929年，高一下学期，梅益班里有3位同学要到上海读大学，要他一起去。于是，他们4个人一起到了上海。梅益考入了由胡适和马君武先后担任校长的中国公学。可梅益连吃饭也没钱，哪能交上高昂的学费，不久又害了副伤寒。曾在中国公学读书的潮州人洪应堃老师，给他找到一份回城南小学教书的工作，做纸张生意的郑雪痕给了他30元路费。就这样，梅益又回到潮州，在城南小学任教，当上了五、六年级的语文教员，月薪27块银圆。教了一年半书，积下130元。

1932年夏，他又燃起读大学的愿望，便独自由潮州经上海到达北平求学。经过同乡介绍，梅益来到了中国大学，因为交不起学费，他只能在该校旁听课程。他挤在一间较大的学生宿舍里，宿舍里有几位潮州籍学生，他与姓王的同学共用一张床铺。1933年冬，校方不允许非正式学生在校内借宿，梅益便搬到了宣武门外丞相胡同的北平潮州会馆，会馆老板的女儿杨志珍与住在会馆的文化青年来往很多。梅益当时衣食无着，生活窘迫，杨志珍不但没有嫌弃他，反而待他很好。两人相识相爱，后来在上海结婚。

潮州会馆自清朝年间购置了一批田产，每年收益汇到北平。北平的每个潮籍大学生每半年可得到三五块大洋的资助，当时的大学生多数是富家子弟，不在乎这点钱，便把领钱图章给他去领钱，梅益在北平的基本生活解决了。梅益在中国大学日语补习班学日语，不到一个月因学费太高而退学，他又改为自学英语，并搬到北平图书馆附近的民居住，图书馆便成了他获取知识的主要源泉。从那时起，梅益开始自学英语，常常一早起来就怀揣两个烧饼，直奔图书馆自学英语，中午找点开水，两个烧饼就是午餐了。他身上带着很多卡片，一面是英文，一面是中文，随时随地背单词。从1934年开始，他试译短篇文章，第一篇是美国女作家赛珍珠的《王龙回家了》，登在北平《晨报》的副刊《学园》上。自此开始了文字生涯。他在北平的《晨报》、天津的《庸报》、上海的《申报》等刊物上发表一些散文和译作，靠稿费度日。同时，在北平广结朋友，寻找进步组织。也就是在1934年这一年，梅益通过陈伯达的介绍加入北方“左联”。1933—1934年期间，北方“左联”遭到国民党特务组织的严重破坏，许多同志先后被捕被害。不久，梅益也被列入黑名单。在危急关头，幸得到朋友帮助，他逃到了上海。

办抗日报纸

1935年秋，梅益在上海一民办中学教书，可是很快因为他让班上的学生参加示威游行而被学校开除。不久，他和上海的左翼作家联盟取得了联系，1936年，梅益与“左联”作家何家槐等共同负责编辑出版“左联”的机关刊物《每周文学》。又与徐懋庸、周扬、周立波等创办《文学界》月刊。留意“左联”活动的人，大多知道有位叫梅雨的作家，梅益正是用这个笔名发表了大量文章。同时还参加了上海文化界救亡协会和由其组织的抗日救国运动。1937年8月，梅益在上海加入了中国共产党。

1937年11月12日，上海沦陷，处于日军占领区包围中的公共租界和法租界沦为“孤岛”。日军将上海新闻界的抗日宣传视为眼中钉，肉中刺，挖空心思地用各种手段来禁止抗日宣传。除了一份汉奸报纸外，所有的中文报纸都被勒令停刊。如何突破日伪的新闻封锁，继续坚持抗日宣传，就成为中国共产党在上海“孤岛”必须解决的一个难题。避开日军的新闻检查和干涉，筹办一个纯翻译性质的报刊，翻译和刊载外文报刊中有利于中国抗战的消息，就成为中国共产党新闻工作者的共识。江苏省委和八路军驻上海办事处委托江苏省文委，搜集和翻译租界内出版的外文报刊上的国际时讯及国内抗战的报道。经江苏省委同意，江苏省文委决定由梅益和夏衍共同负责筹办报刊的具体事宜。

通过拉投资、借贷等途径，梅益筹到了创刊的经费，又在《大公报》原广告部主任丁君匋的帮助下，解决了办公场所和印刷的问题。1937年12月9日《译报》在上海法租界创刊，经理赵邦荣，发行人丁君匋。梅益、王任叔、戴平万、林淡秋、姜椿芳等人负责《译报》的编辑工作。该报为8开4版，售价二分。梅益和夏衍等人一起负责选稿翻译，他们又译又写，又编又校，每晚一直工作到深夜，所选新闻皆与中国抗战相关，中国共产党有关抗战的主张、中日战场战况及国外对中国抗战的支援等是该报的主要内容，南京大屠杀和八路军胜利的消息就是《译报》首先向国内报道的。《译报》短期内就产生了巨大的影响，发行量从几千扩大到一万多份，但也引起了日伪的注意，很快就被迫停刊。

《译报》办报的时间不长，却非常有意义。梅益的老战友林林曾回忆说，《译报》的出现非常有意义，因为那时候在上海是听不到党的声音的，听到的只是敌伪、亲日派和亡国派们所叫喊的“亡国论”的声音，为了让敌占区的人民了解全国的抗日情况，我们党非常需要一份能传达共产党所领导的抗日队伍的声音的报纸。在党的领导下，梅益发起创办了中国抗战时期沦陷区第一份爱国的、独立自主的中文日报《译报》。《译报》出刊，有人称之为“世界新闻史上的创举”。

后来，梅益等人巧妙地雇外国人出面当发行人，用高薪聘请一个英国人，由他去和日本人交涉，申请登记。就这样，《译报》改名为《每日译报》，梅益任总编辑，又恢复出版了，并且发表内容也不限于译文。从1938年8月23日起，该报曾全文连载毛泽东的《论持久战》，还刊登过中共六届六中全会《告全国同胞书》、周恩来的《论抗战新阶段与侵略者新政策》等文件和演讲。《每日译报》的社论文章文风犀利，这多半出自梅益的手笔。直到太平洋战争爆发，日军占领租界，《每日译报》才被迫停刊。

这期间，梅益还按照党组织的要求，创办了第一份挂洋商招牌的政治性期刊《华美周刊》，在《华美周刊》上转载了毛泽东的《抗日游击战争的战略问题》《毛泽东在中共扩大的六中全会的报告》等文章，这份周刊政治色彩鲜明，是当时最具有战斗力的一个周刊。同时，他还负责主编或与别人合作创办了《译报周刊》《求知文丛》。

梅益还做了一件颇有意义的事情。为纪念八一三淞沪战争一周年，他以自己主编的《华美周刊》的名义，发起“上海一日”征文活动，要求记录沦陷时期每个人一天的遭遇。征文得到了社会各阶层的热烈响应，投稿的人有年逾花甲的老人，也有十三四岁的少年，更多的是青年学生和工人，一共收到2000余篇稿件，逾400万字。梅益身为主编，他不辞辛劳地与戴平万、林淡秋、钱坤任三位编委一道，在三个多月的时间里从来稿中选出100万字编辑出版。全书分“火线上”“苦难”“在火山上”“漩涡里”四部分，不仅忠实地记录了淞沪抗战爆发后的社会景象，更控诉了日本侵略者的暴行，激发了人民的抗日热情。

1938年，梅益与他人合译斯诺的《西行漫记》（《红星照耀中国》），1939年与他人合译斯诺夫人威尔斯的《续西行漫记》。1938年，梅益翻译了史沫特莱的《红军在前进》，1940年翻译了描写《对马》《尼特鲁自传》《列强军备论》，尤其是《西行漫记》的翻译出版，意义重大。1936年6月，斯诺在宋庆龄、张学良的帮助下，秘密进入陕北。他在为期四个月的采访中，同毛泽东、朱德、周恩来、彭德怀、贺龙等进行了多次谈话，搜集到不少二万五千里长征的第一手资料，还深入考察了苏区军民的实际生活和民情风俗，写了14本采访笔记。1937年10月，英文名为《红星照耀中国》的报告文学在伦敦出版。不久，斯诺在上海收到了由英国寄来的《红星照耀中国》样书。他的老朋友胡愈之读后，萌生了将此书译成中文的想法。于是，胡愈之通过其胞弟胡仲持，邀请梅益等人翻译此书。斯诺还为中译本写了序。《西行漫记》中译本一经面世，便引起轰动，几个月内就重版发行了多次，印数累计数万册之多。许多进步青年就是因为读了《西行漫记》，纷纷奔赴革命圣地——延安，走上革命道路的。梅益出色的工作受到当时负责领导上海工作的南方局书记周恩来的充分肯定。

1938 年 1 月，梅益与他人合译《西行漫记》，由大连光华书店（复社）出版

“炼钢的人”

全国政协原副主席钱正英在《炼钢的人——怀念梅益同志》一文中称翻译《钢铁是怎样炼成的》的梅益是“炼钢的人”。梅益以钢铁

般的意志翻译《钢铁是怎样炼成的》。

1938年，八路军驻上海办事处主要负责人刘少文拿一本纽约国际出版社出版的英文版长篇小说《钢铁是怎样炼成的》，交给梅益说："这本书是外国友人送的，若把它翻译为中文出版，肯定对中国青年大有教育作用，能让更多的人投身于中国革命。因此，办事处决定把翻译任务交给你。" 梅益毫不犹豫地接受了这个任务，在极端艰苦条件下锲而不舍开展翻译工作。

梅益从没进过英语学校，没有留学背景，他主要靠在北平自学和在翻译实践中提高外语水平。他既要参加地下革命活动，又要主编《每日译报》《华美周刊》等报刊，非常忙碌，得空才译书。妻子杨志珍患病，梅益还要帮助料理家务，照顾孩子。他常常一手抱着孩子，一手拿笔翻译。翻译工作是在上海的一个"亭子间"（上海楼房的顶棚的小房间）里进行的。梅益曾说："我在翻译的过程中碰到过一些难题，要不断地查字典，往往通宵达旦。译出来以后，又把一些章节送给懂俄文的同志帮助对照、核对。""《钢铁是怎样炼成的》译得很苦，那时编刊物、筹资金，还要完成组织上临时交办的任务，一天忙到晚，只能挤睡觉的时间，睡一两个小时就不错了，有时候把稿纸一铺开，就趴在上面睡着了，所以译了好几年……"

就在译作即将完成之际，他遭遇到了人生中最悲惨的命运，他两个可爱的儿子，年轻贤淑的妻子，在40多天里，都因贫病交加死于非命。他平常翻译的稿费微薄，还常常拿出一部分接济在海外漂泊的革命者的家属。因此，自己一家人常常断炊。1941年寒冬，他的小儿子得了肺炎，无钱求医，就在母亲怀里夭折了。不久他的妻子也因心脏病发作而离开了人世。为了译好《钢铁是怎样炼成的》，梅益忍痛把4岁的大儿子送到教会孤儿院去，不料当他译完《钢铁是怎样炼成的》，并把译稿送出去打印纸型，拿了一斤粽子糖去孤儿院领孩子时，却被告知孩子已在前两天因感染脑膜炎而夭折了。他急忙抱起儿子的遗体，糖撒了一地也全然不知。

他忍住泪水悄悄回到家中，得悉书的纸型已经打好，就又投入了新的战斗。他安排工人将纸型运到印刷厂去开印，谁知在运输过程中被日寇查获，发现是一部革命书籍，就逮捕了工人。工人宁死不屈，纸型被烧毁了，工人被枪杀。梅益又忍住悲愤，重新安排打了一份纸型。《钢铁是怎样炼成的》就是在经过这样的血泪与曲折之后，终于在1942年1月由上海新知书店出版了。新知书店首版印3000册，发行于上海、桂林、重庆。不久，大连、张家口也出版这本书。

梅益翻译的《钢铁是怎样炼成的》

虽然该书先后有多位译者用日文、英文、俄文翻译了多种译本，主人公名字的音译也各不相同，但最终还是梅益的译本被公认为质量最佳而流传最广。1950年，梅益到苏联访问，见到苏联人翻译的该书英文版，便买回国阅读，觉得它比英国人译的更详尽，故对自己译本再修改，当年由人民文学出版社出版。它很畅销，成为中国城乡青年必读之书。

《钢铁是怎样炼成的》一版再版，其中，《人的一生应当如何度过？》《筑路》等列入中学语文课本。进入21世纪，梅益翻译的《钢铁是怎样炼成的》一书，被教育部列为初中语文新课标必读丛书。该书总计出版17次，印500余万册，在中国发行史上是空前的。它是20世纪中文译作中发行量、影响力最大的译作。这本书自翻译成中文以来，影响和教育了中国的几代人。

“炼钢的人”梅益，在自己的一生中自始至终地自觉地以保尔为榜样，顽强地工作，无私地奉献。新中国成立之初，稿酬较高。1951

年，为保家卫国，梅益一次性捐赠了5亿元（旧币）认购一架飞机支援抗美援朝前线。

创建江淮大学

1941年12月7日，日军突然袭击珍珠港，太平洋战争爆发，梅益主编的刊物被迫停刊了。1941年冬，梅益将《钢铁是怎样炼成的》翻译稿交由上海新知书店排印出版。此时，党组织安排梅益撤离上海。梅益孑然一身，带着国仇家恨，投奔陈毅领导的新四军，来到抗日救亡前线。当他第一次见到自己的译作印制成书时，已是一年后了。1942年底，梅益到洪泽湖西岸小镇半城新四军第四师师部看望师长彭雪枫，见彭雪枫在读一本书，正是上海新知书店出版的《钢铁是怎样炼成的》。那天，彭雪枫断言："这是一部可以影响几代人的书！"梅益来到抗日根据地，先在中共华东局宣传部工作，后来参与创办新四军江淮大学和华中建设大学。

梅益在《创建新四军江淮大学的回忆》中说，1939年12月1日，中共中央作出关于大量吸收知识分子的决定。同时，中央还指示各根据地党组织和各部队，要想尽一切办法，鼓励和动员知识分子到根据地去帮助举办各种事业，例如出版报纸、组织社团、设立学校等等。中央还要求各根据地加强同沦陷区内知识分子的联系，欢迎他们到根据地去参观访问或进行实地考察，来去自由，时间可长可短。1941年，中共中央华中局书记刘少奇也在苏北参议会上的讲话中说，要在根据地发展文化教育事业，要创办大学，为革命事业培养和输送人才。

根据党中央和华中局领导的指示，为了壮大革命力量，吸收上海等地的进步青年到抗日民主根据地来，1941年，中共中央华中局、新四军军部、中共江苏省委决定联合创办一所综合性大学。新四军陈毅军长亲自将学校定名为“江淮大学”。时任江苏省文委书记梅益接受省委的指派，和省委委员、宣传部部长沙文汉一起，负责主持筹办工作。梅益接到指示后，一面迅速和上海各大学与中国共产党关系比较好的教授们取得联系，一面通知各大学的党支部，要求他们做进步学生的工作，动员他们到解放区读书。随后，华中局通知上海党组织将这些联系好的教授和学生安全护送到抗日根据地，并指定由淮南行政公署负责具体的接待工作。自1942年8月到11月，在两个月左右的时间里，上海100多名师生，在党组织的妥善安排下，越过敌伪重重关卡，全部安全到达根据地。进入根据地的师生先在淮北、淮南两地集中，最后于新四军四师淮北根据地淮宝县仁和集正式开学上课。学校没有教室，师生们就将地主大院、庙宇及祠堂辟做校舍，以田野和树林作为课堂，满怀激情地投入学习之中。

1942—1944年间，梅益任江淮大学的党代表（党委书记）。他为人谦和，常深入学生之中，了解他们的思想状况，能根据学生的不同特点，有针对性地开展思想工作，以风趣、幽默的言语化解大家的思想疙瘩。梅益经常勉励江大的师生，要大家不断磨炼自己，克服自身的弱点，树立正确的革命人生观，向工农学习，向群众学习，改造自己的思想。江淮大学在极端艰苦的条件下，坚持了两年的时间。1944年6月，根据华中局的决定，江淮大学停办，学生们分别奔赴淮南、淮北和新四军军部所属各单位，走上新的岗位。

1945年4月由当时建设大学校长张劲夫主婚，梅益和江苏江阴籍原江淮大学学生尹绮华结婚。梅益与尹绮华生死与共，相伴一生。2011年，尹绮华在《我与梅益毕生的革命情谊》一文中，表达了对梅益无尽的思念：岁月如水般地流逝而去，杰出的新闻工作者和翻译家梅益同志离开我已经有7年多了。他是我亲密的伴侣，又是我敬爱的老师，我们相随相伴共同度过了战斗的一生。他溘然离去，留下孤独的我沉浸在无言的悲痛中。我唯有坐在他的遗像前，回忆我们共同生活中所经历的往事，以寄托我的思念……

中共代表团发言人

1945年日寇投降后，梅益又受党组织的指派，到上海筹办《新华日报》，并担任中共上海市文委委员、书记。国民党政府于1946年5月还都南京，为了继续进行国共和平谈判，以周恩来为团长的中共代表团人员也分批前往南京。梅益被调到南京中共代表团。同年6月底，梅益由上海到达南京的当天晚上，周恩来和他做了一次谈话。周恩来让梅益负责新闻处的工作。梅益任梅园新村中共代表团新闻处处长、新华社南京分社社长，同时担任中共代表团新闻发言人。新成立的新华社南京分社在梅园新村17号院内办公。南京分社先后有三位社长：宋平、范长江和梅益。在他们三人中，担任中共驻南京代表团新闻处处长、南京分社社长时间最长的是梅益。

梅益的工作对象主要是中国记者。代表团的另一位发言人王炳南主要是对外国记者。梅益的主要工作是：把中国共产党包括前线战事等消息通知新闻界，让他们了解谈判和战场上的情况、我党的政策和对时局的态度等，回答新闻界提出的问题，搜集情报。梅益利用新闻记者接触面广、消息灵通的职业特点，多方了解国民党方面的动态。一次，有记者告诉梅益，国民党准备在苏北战场使用毒气弹，梅益立即将这一消息向周恩来和中共中央汇报，并通过报纸予以揭露，使国民党陷于被动之中。梅益还积极主动地做记者工作，对不友好的记者晓之以理，又团结进步记者，除向他们透露一些重要消息外，还和他们交朋友、谈政策，给他们出版物，使他们看问题、写东西能够深入一步。此外，他还做一些接待工作，当时许多要找党或是与党失掉关系的人都到代表团来接头，梅益经常接待这些人。

1946年6月，国民党开始向中原解放区大举进攻，发动全面内战，国共和谈破裂。11月16日，周恩来在南京举行了中外记者招待会，宣布国共和谈彻底破裂。19日，周恩来率领中共代表团部分人员返回延安。梅益留下来协助董必武处理善后事宜。中共代表团撤离前夕，梅益等冲破国民党的重重阻挠，在《南京人报》等报纸上发表了《告别声明》。在南京期间，国共和谈随时可能破裂，中共代表团和南京分社人员随时可能出现危险。梅益“把脑袋掖在裤腰带上闹革命”，做好了被国民党当局抓起来坐牢、杀头的最坏准备。1947年3月7日，梅益与董必武及代表团的其他留守人员最后一批撤离南京飞抵延安。

人民广播电视事业的开创者

到达延安后，周恩来提名梅益任新华社副总编辑，主管广播工作。那时，广播只是新华社的一个部门。除了《对国民党军广播》这个节目外，其余全都依靠新华社的文字电讯稿改成口语来广播。此后的20年时间里，梅益把一生中的黄金岁月毫无保留地献给了中国广播电视事业。有人说，梅益20世纪40—60年代的经历，就是一部中国广播电视事业的创业史。

1947年3月11日，敌机轰炸延安，梅益参加广播工作就是在轰炸声中开始的。3月22日，他受命东渡黄河，到晋绥、晋察冀、晋冀鲁豫三个解放区去设法筹办接替陕北台的战备广播电台，以保证延安的广播不会中断。1948年5月，延安新华广播电台迁入河北平山，1949年3月迁入北平，改名为北平新华广播电台。

1949年10月1日，政务院决定将原来的中央广播事业管理处改组为广播事业局。当年12月6日，政务院任命梅益为广播事业局副局长，分管宣传业务工作，同时兼任中央人民广播电台总编辑。

1952年9月19日，梅益任中央广播事业局局长，党组书记。1957年当选为中国新闻工作者协会副主席。广播事业工作的线长面广，梅益坚持科学决策，重大事项集体讨论，自己跟踪进展，狠抓落实。在宣传业务方面，不仅要办好对国内的广播，还发展了对国外的广播。在此期间，他根据刘少奇要发展电视的指示，带领广播事业局的科研技术人员经过不懈的努力，在物质条件有限的情况下于1958年建成了我国第一个电视台，1959年录播了国庆10周年的实况。同年，梅益任国家广播电影电视总局局长。他任这一职务直到1966年8月“文化大革命”被迫离开岗位。

1959年2月19日，梅益陪同周恩来总理等到新建成的广播大楼视察

梅益虽然事务繁多，但是凡属重大报道，他都要主持拟订报道计划、审阅稿件。在关键时刻，梅益总是身体力行，亲临现场指挥。1949年10月1日开国大典的实况广播工作，要提前发出预告，通知各省、市电台联播，这是中国人民广播史上第一次全国规模的在现场对实际情况的广播，该如何措辞？梅益和语言广播部主任温济泽商量后定名为“实况广播”，这个业务名词从此沿用下来。到了10月1日当天，梅益到天安门城楼上亲自指挥播音员齐越和丁一岚以及机务工作。齐越曾在其回忆文集中写道：“当时我们的广播岗位在天安门城楼西。梅益同志亲临现场指挥，李伍（李春秋）同志负责机务，胡若木、杨兆麟同志负责写稿，丁一岚同志和我负责播音。”后来担任中央人民广播电台台长的杨兆麟参加了当年实况广播稿的采

访、编写工作，据他回忆，每当临时需要对稿件进行补充时，杨兆麟当场写出一小段，经梅益看过以后，才交给播音员。此后，每年的“五一”“十一”，以及全国人民代表大会、全国政协会议、中共八大，从开始筹备到现场工作都是梅益主持，这让杨兆麟感受到梅益的强烈事业心和认真负责的工作作风。

梅益在领导广播工作期间，每晚要听了零点的新闻广播后才回家休息，每天上午8点多钟又来到办公室，下午深入各部组研究工作，长年如此。他经常在自己办公室里一张小木桌前吃晚饭，饭菜是工作人员从食堂用饭盒打来的，他一边吃饭一边看文件。桌子旁边放着一张单人木板床，加班时就睡在这里，很多个星期日也是在办公室度过的。用“日夜操劳”“殚精竭虑”这几个字来形容他的工作状态，是丝毫不过分的。他这种不知疲倦的敬业精神，受到中央广播事业局干部职工的普遍尊敬。

梅益重视广播电视人才的发现和培养。中国共产党的第一个男播音员齐越，就是梅益亲手选拔培养而成长为著名播音员的。1947年到延安后，梅益就开始着手选拔男播音员。齐越声音嘹亮清透，口齿清楚，加上他在西北大学参加学生进步团体时打下了很好的朗诵基础，对广播新闻稿的理解与表达都十分自然，成为男播音员的第一人选，1947年8月16日，齐越在日记中写下了对入选男播音员的感受：“今天早晨，我搬来沙河，参加了播音员的队伍。临行前，梅益同志握着我的手嘱咐说，‘这是一个重要而光荣的岗位，你将成为中国共产党的第一个男播音员。我们的广播代表党中央发言，你一定要做好这个工作！’”1948年，当新华总社从太行搬到西柏坡时，梅益就为迎接全国的解放选拔和扩大播音员队伍。当解放军横渡长江，南京即将解放之时，梅益坐在话筒前指挥齐越，利用广播向南京国民党中央台喊话通话，取得对方的归顺和帮助，这对顺利接管敌台起了很大作用。梅益重视从各种渠道选拔培养人才，坚持唯才是用。通过创办北京广播学院等专业院校培养广播人才。发掘侯宝林等一批民间人才，发展新中国广播文艺事业。从归国华侨青年中选拔人才作为外语广播的基本队伍。选派理工科大学毕业生到苏联、民主德国和捷克深造，培养我国广播电视事业的技术领导和骨干。从而培养出了一大批政治思想好、业务技术精的播音员和专业技术人才，使中国的播音，走上了一条具有中国特色、中国风格、中国气派的道路。梅益率先垂范，撰写业务论文，开展业务研究、经常到局里各部门参加座谈会，听取建议。每年召开的全国广播工作会议，他都要作报告或总结。他总是自己动手，部署总结，从来不让别人代拟讲稿，然后拿到会上去照着念。熟知当年情况的老同志说，梅益非常重视人才，爱惜人才，有胆识，有远见。他善于团结容纳各种人来为新中国广播事业服务，所以，那时节，人才辈出，事业兴旺发达。

梅益重视对外交流与合作，频繁参加同行的国际活动。1953年4月在捷克布拉格举行的国际广播组织主席会议上当选为国际广播组织主席。他先后率团或派出访问团访问过匈牙利、捷克、苏联、波兰、古巴、朝鲜、越南、阿尔巴尼亚、英国、瑞士、巴西、智利、阿根廷、厄瓜多尔、印度尼西亚等国，为中国与世界的广播事业的交流做出卓越的贡献。他在对外交往中，善于利用中小国家的人才和先进设备冲破大国的封锁，服务中国广播电视事业。

梅益是新中国广播事业的奠基人、电视事业的开创者。他领导创建了中国第一座电视台和国际广播电台，创办了中国第一座培养广播电视人才的中国传媒大学。“文革”前17年，我国广播事业获得长足发展，电视事业从无到有，初具规模，建立了新中国广播电视网络体系。梅益带领广播电视人，在全国广大的农村地区建立和普及有线广播网，使得身居农村尤其是与外界近乎隔绝的偏远农村有条件了解到外部世界新近发生的事情；建立并初步完善中国对外广播系统，对宣传新中国的形象起到很大的作用；开创了新中国电视事业发展的格

1959年，梅益陪同朱德委员长视察北京电视台

局，先于台湾建成中国第一座电视台；有力地宣传党的路线方针政策，推动国家的经济建设、政治建设和文化建设向前发展。这些工作，不仅具有开创性，而且具有长远意义。“文革”前17年，国家广播电视事业的工作，受到毛泽东、刘少奇、周恩来、朱德等党和国家领导人的充分肯定。

“文革”期间，梅益受到不公平的对待。杨兆麟回忆说，“文革”后，他到人民大会堂去听报告，散会出来，背后有人拍了他一下，他回头一看，原来身材高大的梅益怎么会比他矮了一头呢，心中不由一惊。注意看了一下，梅益弯着腰，成佝偻状。梅益受到极左路线的迫害，亲属也遭到株连。新中国成立后一直和梅益在京一起生活的老母，在上海与四弟（四弟陈少珊，改名李革，1937年到上海，在梅益引导下一直参加革命工作）一起生活的二姐都被遣送回潮州老家。加上无业的大兄、大嫂共4个老年人，以及大兄的子、媳、孙儿一家十口人过着相濡以沫的艰难生活。梅益在干校的生活费是每月45元，他自己留下5元，其余40元全汇给潮州老家，这点钱成为当时十口之家的唯一大宗生活来源。

1995年离休后，梅益多次回到潮州看望故乡的亲人。据他亲人回忆，他总是穿着衣领绽破的旧衬衣，露出趾头的旧袜子，舍不得轻易丢掉，为人十分低调随和、慈祥朴素。他对亲人们说：“人的高尚与否，不在乎衣着和外观，而是决定于他的精神和内涵。”他对过着安详团聚生活的子侄一家说：“你们能这样过日子，就该满足了。”

社会科学战线的杰出领导人

粉碎“四人帮”后，梅益重新出来工作，任中央广播事业局“顾问”。1977年5月，经党中央批准，在中国科学院哲学社会科学部基础上正式组建了中国社会科学院，第一任院长胡乔木。在胡乔木的建议下，调梅益到社科院参加筹建工作。梅益历任中国社会科学院副秘书长、秘书长、副院长、党组副书记、党组第一书记、顾问。曾兼任中国社会科学院院长的李铁映同志充分肯定梅益在筹建社科院，繁荣发展哲学社会科学事业的卓越贡献。李铁映说：“从1977年到1986年，梅益在中国社会科学院工作了近10年。这10年，正是新时期我国哲学社会科学不断发展的10年。他坚持马克思主义，贯彻党在新时期的基本路线和党的知识分子政策，虚心向各个学科的专家学者求教，做他们的知心朋友；积极组织领导理论学术活动，为繁荣和发展哲学社会科学事业，做出了不可磨灭的历史性贡献。”①

1986年初，梅益以73岁高龄继任《中国大百科全书》总编委副主任（主任为胡乔木）兼大百科全书出版社社长、总编辑，接替已干了8年而双目失明的姜椿芳的工作，同时保留社科院顾问的职务。其实，这时的梅益，已由中国社会科学院党组书记改任顾问，处于“半退”状态。他本想集中时间或疗治“文革”期间被打伤的腰椎，或翻译几部译作，或撰写回忆录……然而，面对姜椿芳恳切的邀请，组织的信任，他毫不犹疑地答应下来。这是一个宏大的工程，梅益深感“责任重大，自当黾勉以赴”。

梅益老当益壮，高擎“大百科”旗帜，义无反顾地率队实施“大

① 参见李铁映：《八十年来家国——梅益纪念文集》序言，社会科学文献出版社2005年版。

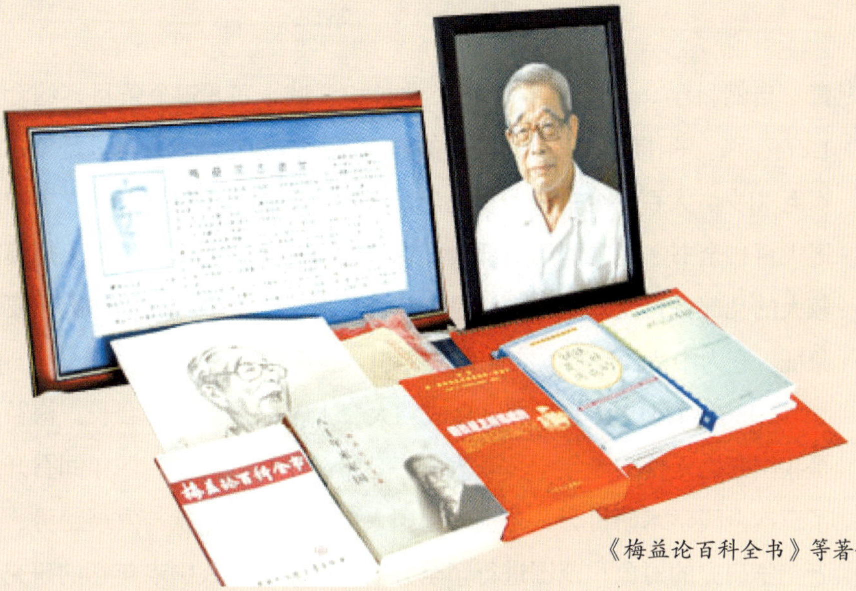

《梅益论百科全书》等著作

百科”宏大的系统工程。为了确保《中国大百科全书》内容上准确无误，学术上客观公正，政治上万无一失，文字上简洁练达，梅益从每个条目的论证、确立、撰写，到编辑、发排、印刷，都亲力亲为，身体力行，从不敢有半点儿懈怠，一些“特别条目”，甚至都经党和国家领导人亲自审定，用他的话说，就是“每个条目都得经得起历史的检验”。1991年10月，胡乔木病重期间，对前来看望他的梅益说：“对于《中国大百科全书》的工作，我曾说与你共进退，看来我要先退了。”他还对梅益等人说：“你们要有始有终，保证全书的质量，这事关国家科学水平和政治荣誉。”①梅益表示，“为‘大百科’早日出齐，就是拼上一条老命，也不足惜！”

“宝剑锋从磨砺出，梅花香自苦寒来。”1993年8月，凝结着数十个学科、2万余名专家学者心血的《中国大百科全书》全部出齐。面对这部多达74卷，内容包括哲学、社会科学、文学艺术、文化教

① 刘志荣：《胡乔木与〈中国大百科全书〉》，《百科知识》1994年第2期。

育、自然科学、工程技术等66个学科和领域，77859个条目，约合1.27亿字，并附有近 5 万帧图片的鸿篇巨制，梅老感慨万千。是年，梅老80岁。大百科全书出版社还出版了不少有价值的学术丛书。《中国大百科全书》是中国第一部大型综合性百科全书，也是世界上规模较大的几部百科全书之一。它是中华文化傲立于世界文化之林的重要象征。它为中华民族科学文化发展树起一座新的丰碑。

1986年4月中国老年学学会成立大会上，梅益被选为会长。梅益是我国当之无愧的老年学奠基人。梅老带领学会的同志，四年间召开了三次全国学术研讨会，分别对中国人口老龄化的现状与发展趋势、老年学研究的对象和范围进行了全方位的探索，为我国老年学的研究和发展，做了组织准备和理论准备，为建立中国特色的老年学体系奠定了基础，为国家制定老龄政策提供了科学依据，在国际老年学界也产生了重大的影响。梅益是中共十二大代表、中共中央顾问委员会委员，第一、二、三、六届全国人大代表，第六届全国人大常委会委

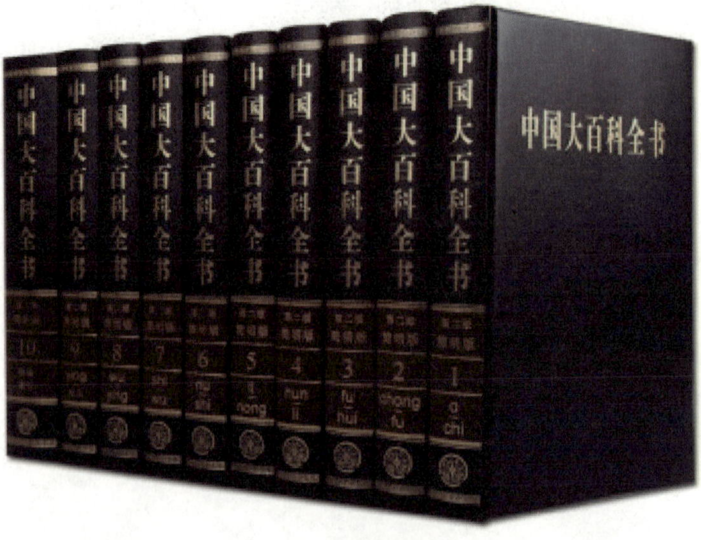

1986—1996 年梅益任中国大百科全书出版社总编辑，完成了 74 卷、约 1.27 亿字、近 5 万帧图片的《中国大百科全书》

员，全国政协第一、五届委员。

李铁映指出，“梅益同志是中国共产党的优秀党员，是党在新闻广播、社会科学、百科出版战线上的杰出战士和组织者，是著名的文学翻译家和学者。他所翻译的《钢铁是怎样炼成的》曾经影响了几代人。”“他的坚强党性，严谨学风，缜密思维和活到老、学到老的精神，给我留下了深刻的印象。他为党和人民的事业奋斗了一生，他的思想业绩、道德文章，历史不会忘记，人民不会忘记。”梅益把自己的一生献给了人类最壮丽的事业，党和人民将永远铭记他的功绩。

参考文献

1. 陈梦熊：《三十年代在上海的“左联”作家》，上海社会科学院出版社1985年版。

2. 杜运通、杜兴梅、黄景忠：《我们社研究及精品选读》，花城出版社2008年版。

3. 《洪灵菲选集》，人民文学出版社1982年版。

4. 唐弢主编：《中国现代文学史》（二），人民文学出版社1982年版。

5. 许美勋：《冯铿烈士》，广东人民出版社1957年版。

6. 张小红：《左联五烈士传略》，上海人民出版社2001年版。

7. 饶芃子、黄仲文：《戴平万研究》，汕头大学出版社2000年版。

8. 王永芳：《明星·战士·人民艺术家：陈波儿传略》，中国华侨出版社1994年版。

9. 何明：《共和国第一批外交官》，中国大百科全书出版社2010年版。

10. 龚育之、逄先知、石仲泉：《毛泽东的读书生活》，生活·读书·新知三联书店2010年版。

11. 杨兆麟：《八十年来家国——梅益纪念文集》，社会科学文献出版社2005年版。

12. 郝时远、杨兆麟：《梅益百年纪念文集》，社会科学文献出版社2014年版。

13. 中共广东省委党史研究室：《中共广东历史大事记》（新民

主主义革命时期），中共党史出版社1993年版。

14. 黄羡章：《潮汕民国人物评传》，广东人民出版社2008年版。

15. 鲁迅：《答杨邨人先生公开信的公开信》，载《南腔北调集》，人民文学出版社2000年版。

16. 黄景忠：《论战中的“革命”与“文学”——杨邨人研究三题》，《文艺争鸣》2016年第7期。

17. 陈培娜：《王鲁湘：天下三州——苏州、徽州、潮州》，《潮州日报》2013年12月30日。

18. 鲍昌：《在中国“今天和明天之交”的无产阶级作家——洪灵菲》，载《中国现代文学研究丛刊》（第一辑），北京出版社1979年版。

19. 张桂枝：《傲霜岭梅　馨香无尽——冯铿创作主题解读》，《名作欣赏》2009年第14期。

20. 陈正卿：《寻找“龙华二十四烈士”》，《上海滩》2008年第12期。

21. 孙俊：《国家图书馆藏〈左联烈士手稿〉》，《光明日报》2011年7月28日。

22. 夏衍：《“左联”成立前后》，《文学评论》1980年第2期。

23. 柯灵：《〈上海“孤岛”文学回忆录〉小引》，《读书》1981年第12期。

24. 邓颖超：《悼念陈波儿同志》，载《邓颖超文集》，人民出版社1994年版。

25. 《我国著名电影艺术家陈波儿纪念活动在潮州举行》，《大众电影》1995年第4期。

26. 刘诗兵：《追忆电影艺术家、教育家陈波儿》，载《时光留影：北京电影学院教师访谈录》（第二辑），中国电影出版社2006年版。

27. 邵功游：《艰辛的历程　重大的贡献——回忆袁牧之与陈波儿同志》，《当代电影》1999年第3期。

28. 石雅娟：《纪念人民艺术家陈波儿》，《新文化史料》1995年第3期。

29. 张全景：《中国共产党人历来重视学习马恩著作——从〈法兰西阶级斗争〉在中国的出版与传播谈起》，《求是》2007年第17期。

30. 许涤新：《忆社联》，载《左联回忆录》（上），中国社会科学出版社1982年版。

31. 李魁庆：《历经沧桑淡泊名利——缅怀潮籍外交家、翻译家柯柏年》，《汕头日报》2005年6月5日。

32. 尹承东：《从毛泽东著作的翻译谈建国以来中译外工作》，《中国翻译》2009年第5期。

33. 谢锦澍：《中国工农红军高级指挥员李春霖》，《潮州日报》2017年7月27日。

34. 高放：《〈共产党宣言〉并无柯柏年译本》，《广东社会科学》2010年第2期。

35. 散木：《延安时期毛泽东的秘书和培元》，《党史博览》2011年第10期。

36. 王一：《延安当年是怎么学习辩证法的》，《新湘评论》2015年第8期。

37. 袁宝华：《回忆陈云同志对我的教诲》，《百年潮》2005年第5期。

38. 葛娴、陆宏德：《传媒印记：中国广播电视事业开拓者梅益》，载《名人心影录》，中国广播电视出版社1994年版。

39. 李聪：《梅益在江苏的革命活动》，《世纪风采》2016年第5期。

40. 刘志荣：《胡乔木与〈中国大百科全书〉》，《百科知识》1994年第2期。

后记

本书是中共潮州市委宣传部组织编写的“潮州文化丛书”中的一册。我们编写《执灯人》一书，以纪念“左联潮州六杰”。

编写出版一本反映潮州“左联”作家群体的书籍的想法由来已久。2007年在参与市委宣传部编写《新时期潮州人精神》一书时，在《走在时代前列的潮州人》一节中，我就写了洪灵菲、冯铿、戴平万、陈波儿、梅益5人，可算开了个话头。此后，我在《潮州日报》《潮州党史与党建》《南方新闻网》等媒体陆续发表关于他们的一些短文。在这个过程中，我越来越认识到其中的重要价值，对革命先辈、文化名人崇敬之情油然而生。

2010年，我向市委宣传部领导建议编写一本关于“左联潮州六杰”的书，得到了领导的重视和支持。市委宣传部将此书列入2011年度全市宣传系统文化精品创作计划。在中国共产党成立90周年前夕，《左联潮州六杰》成书，作为内部资料印制赠阅，广受好评。现在出版的《执灯人》这本书，是在原有的内部资料基础上，订正少量文字，充实补充新内容，增加了较大的篇幅形成的。

本书在写作过程中，多方收集资料，包括“左联潮州六杰”的各种传记、回忆录、研究文章、图片资料、音像电子出版物等，然后进行比较、筛选和取舍。写作时不求面面俱到，着力抓住人物基本特征、革命事迹、突出贡献特别是在文化战线上的建树和贡献、社会评价等方面，展示人物高尚品德，光辉业绩，可敬形象。在对这些人物的叙述上，有争议的材料不用，史实史据不充分的不写，坚持实事求是，既不夸大，也不缩小，力求准确客观反映史实和他们的人生轨迹，昭示他们爱党爱国的情怀和为革命事业奋斗的牺牲精神和奉献精神。

20世纪30年代的“左联”时期，随着时间的推移，离我们渐渐远去。由于年代久远，时间跨度长，“六杰”长期在外工作，且冯铿、洪灵菲烈士过早牺牲，戴平万、陈波儿英年早逝，我们得到的资料仍非常有限。同时，限于作者的水平和视野，本书谬错之处在所难免，敬请专家学者和社会各界人士批评指正。

在编写本书过程中，我们得到了“左联潮州六杰”亲属洪瑞宁、饶芃子、李珍军、李魁庆、尹绮华等人的关心、指导和帮助，特致谢忱。

本书参考了媒体各类有关文章，未能一一列明，在此向原作者一并致谢。

谢锦澍

2020年7月31日